머리말

이 세상에 없어서는 안 되는 것들이 많이 있다. 언어가 그 중 하나이며, 언어란 도구가 가장 우선이라 생각된다. '언어는 문화이다'란 말이 있듯이 언어를 알아야 그 국가의 문화, 생각 그리고 사회를 이해하는데 도움이 된다. 그러므로 언어는 곧 경쟁력이다.

우리나라에는 중국어를 공부하는 사람이 아주 많다. 또한 중국어를 공부하면서 고생하는 사람도 적지 않다. 복잡한 한자와 까다로운 발음, 성조 때문에 어렵다고 생각하여 중도 포기하거나 중국어를 배우고 싶어도 쉽게 접근조차 하지 못하는 경향이 있다. 이에 따라 학습자들에게 좀 더 효율적이고, 효과적으로 쉽게 회화를 습득할 수 있는 교재가 있었으면 하는 마음에 이 '파선생의 차이나는 중국어 첫걸음'을 집필하게 되었다.

본인은 학교, 학원, 기업체, 개인지도 등 오랫동안 중국어와 관련된 분야에 종사하면서 쌓아온 경험과 노하우를 살려 교실강의를 그대로 지면에 옮겨 놓았다. 학습자들이 많은 시간을 투자하지 않고 경제적으로 중국어를 배울 수 있도록 하는데 주안점을 두었고, 과도하게 어법적으로 얽매이지 않아도 되며, 짧은 시간 안에 중국어를 말하고 배우는 것을 목적으로 하였다.

본 교재는 기존의 첫걸음 교재와는 조금 다른 교수법을 제공함으로써 정말 쉽고 제대로 공부하고 싶은 분들을 위해 만들어진 가장 좋은 교재가 될 것임을 확신한다.

모든 언어가 그렇듯이 외국어학습에 있어 무엇보다 중요한 것은 꾸준함이다. '작심삼일'이란 말이 있으나 여러분은 '작심일일'을 하여 언제나 처음 공부하듯, 초심을 잃지 않기를 바라며, 혹 공부하다 마음이 약해지려 할 땐 파선생에게 메일(chinapa6688@yahoo.co.kr)로 상담요청 해도 좋다. 여러분들이 자신감을 갖고 신나게 공부할 수 있는 그날까지 늘 곁에 있는 중국어 지킴이가 될 수 있도록 노력할 것이다.

끝으로 이 책이 세상에 나올 수 있도록 적극적인 배려와 도움을 주신 도서출판 사람in의 박효상 사장님, 편집부 여러분 그리고 예쁜 그림을 담아주신 일러스트 작가 오이랑 님께 감사의 인사를 드리며, 지속적인 관심을 가지고 격려와 일침을 아끼지 않고 응원해주신 장옥지 여사님과 성원언니 그리고 주변 지인분들에게도 깊은 감사의 마음을 전한다.

파선생

이 책의 특징

중국어 선생님이 없어도, 중국어 사전이 없어도 누구나 쉽게 중국어를 시작할 수 있습니다.
- 저자가 직접 강의한 MP3 음원을 들으며 학습합니다.
- 실용성을 바탕으로 구성한 모든 중국어 어휘와 문장에는 병음과 뜻, 그리고 자세한 설명이 되어 있습니다.
- 주요 단어와 그 단어가 만들어 낸 회화 문장으로 중국어의 기초를 다잡을 수 있습니다.

이 책의 구성

■ 단어
빈도수에 따라 단계적으로, 각 과에서 꼭 알아야 할 어휘 20개를 선정하여 제시하였습니다. 말을 하든 글을 쓰든 단어를 모르면 모든 것이 허사가 되기 때문에, 각 과의 모든 단어들은 반드시 외우도록 합시다.

■ 책 속의 별책부록 – 단어장
각 과의 모든 단어는 별책으로 마련된 단어장에서 보다 자세한 설명으로 만날 수 있습니다. 단어장에 있는 예문들 역시 모두 사용 빈도수가 매우 높은 문장들이니 만큼, 꼭 기억하도록 합시다.

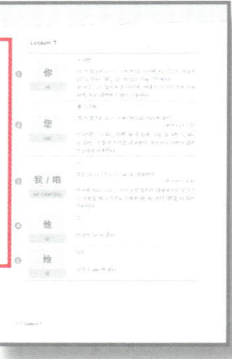

■ 회화 문장
일상 생활에서 바로 사용할 수 있는 살아있는 회화를 각과의 주제에 맞춰 제시하였습니다. 다양한 표현의 회화를 접할 수 있도록 AB대화 형식이 아닌 문장의 형식으로 각 과마다 12~13개의 회화문으로 구성하였습니다.

※ ①: 해당 과에서 제시한 단어의 번호입니다.
　　L1: 'Lesson1'에서 나왔던 단어를 나타냅니다.

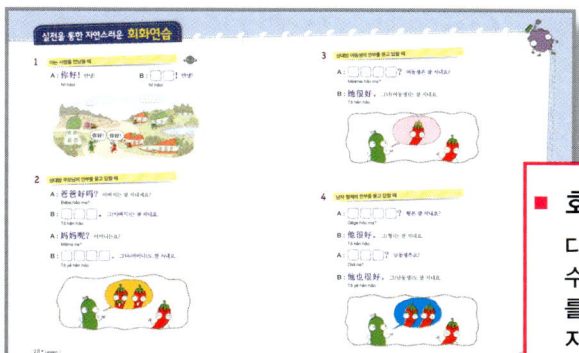

■ 회화연습

다양한 상황을 설정, 그 속에서 자연스러운 회화연습을 할 수 있도록 하였습니다. 회화연습에 앞서, 앞에서 배운 단어를 빈칸에 넣어 회화문을 완성시켜, 다시 한 번 단어를 숙지할 수 있도록 하였습니다.

※ 한국어의 파란 글씨에 해당하는 중국어를 빈칸에 적어봅시다.

■ 확인학습

단어 확인학습과 함께, 문장을 만들어 보며, 앞서 배운 내용들을 점검할 수 있도록 하였습니다. 학습한 내용을 확인하기 위해서는 반드시 문제를 풀고, 틀린 부분은 꼼꼼하게 체크하고 다음 과로 넘어가길 바랍니다.

■ 칼럼

외국어 학습은 말과 함께 문화도 알아야 합니다. 중국인들의 생활습관이나 언어의 유래 등 다양한 정보를 통해 중국, 그리고 중국어와 좀 더 가까워져 봅시다.

■ MP3 파일 구성

1. 저자가 직접 강의한 '파선생의 저자 직강 파일'

Lesson1에서 Lesson16까지 나오는 모든 단어와 회화 문장의 강의를 담은 파일로, 누구나 혼자서도 쉽게 초급 중국어를 마스터할 수 있도록 하였습니다.

2. 원어민의 정확한 발음을 확인할 수 있는 '원어민 음성 파일'

원어민의 정확한 발음을 들으며 학습할 수 있도록 원어민 음성 파일을 따로 마련해 두었습니다.

홈페이지 이용편

홈페이지에서 자료를 다운로드 받아요~

1. 인터넷 주소창에 사람in 홈페이지 주소(www.saramin.com)를 쓴 후, 홈페이지로 들어갑니다.

2. 홈페이지에 들어 갔으면 자료실을 찾아 주세요.
   자료실은 홈페이지 왼쪽 아래에 있습니다. 자료실에서는 MP3 음원 및 교재와 관련된 모든 자료를 다운로드 받을 수 있습니다.

자료실은 홈페이지 왼쪽 아래에 있어요~

[MP3 다운로드]에서는 음원 관련 파일을 바로 찾아 다운로드 받을 수 있습니다.

[언어별 학습자료실]에서는 관련 도서에 관한 소개와 함께 해당 도서의 자료를 모두 확인하고 다운로드 받을 수 있습니다. 언어별 도서를 클릭해, 원하는 도서를 검색하면, 해당 도서의 모든 자료를 한 눈에 쉽게 찾을 수 있습니다.

3 그럼, [MP3 다운로드]를 클릭해 볼까요? 클릭하면 다음과 같은 페이지로 이동하게 됩니다.
   검색창에 도서명을 치면 보다 빠르게 검색할 수 있습니다.

다른 자료실로 바로 이동할 수 있어요.

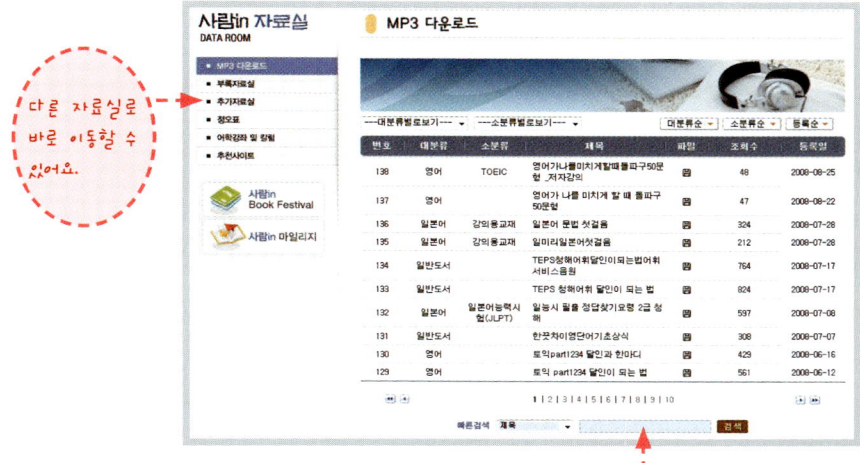

검색창에 도서명을 치면 바로 검색할 수 있어요.

4 도서가 검색되었으면, 첨부되어 있는 파일을 클릭하여 다운로드 받으면 됩니다. 첨부 파일을 클릭하면, 다음과 같은 창이 뜹니다. 그럼, 저장을 눌러 주세요.

5 저장을 누르면 내 컴퓨터에 저장될 위치를 지정하는 창이 뜹니다. 일반적으로 [바탕화면]에 저장하는 것이 다운로드를 받은 후, 파일을 가장 쉽게 찾을 수 있습니다. 위치를 지정했으면, 아래쪽에 [저장]을 클릭하면, 다운로드가 진행됩니다.

6 음원 파일은 압축파일이므로, 압축을 풀고 들으면 됩니다. 압축은 [알집 프로그램]만 있으면, 더블 클릭 한 번으로 바로 풀립니다.

※ 혹시 안 되시는 분이 계신가요?
   그럼, 지금 사람in 출판사(02-338-3555)로 문의해 주시기 바랍니다.
   바로 해결해 드리겠습니다.

목차

머리말 3
이 책의 특징과 구성 4
중국어의 발음 10
문장부호 용법 20

Lesson 1 老师好! 22
선생님 안녕하세요!
- 잠담 손가락으로 표현하는 숫자

Lesson 2 您贵姓? 32
성함이 어떻게 되시나요?
- 잠담 몸에 관련된 표현 1

Lesson 3 今天几号? 42
오늘은 며칠입니까?
- 잠담 몸에 관련된 표현 2

Lesson 4 这是什么? 52
이것은 무엇입니까?
- 잠담 색깔 표현

Lesson 5 你去哪儿? 62
어디 가세요?
- 잠담 중국인들이 생각하는 색에 대한 고정관념

Lesson 6 你家有几口人? 72
집에 가족이 몇 명 있습니까?
- 잠담 과일 표현

Lesson 7 现在几点? 82
지금은 몇 시입니까?
- 잠담 나라 이름과 각 국의 언어명

Lesson 8 您多大年纪? 92
연세가 어떻게 되세요?
- 잠담 교통수단 표현

Lesson 9 一共多少钱? **102**
전부 얼마예요?
잠깐 중국에서 '250'이란?

Lesson 10 我们喝果汁或者喝茶吧。 **112**
우리 주스를 마시든지 아니면 차를 마시자
잠깐 패스트푸드점 & 기타 표현

Lesson 11 你喜欢吃辣的吗? **122**
당신은 매운 음식을 좋아합니까?
잠깐 조리법과 고기류 표현

Lesson 12 我怕冷。 **132**
저는 추위를 탑니다.
잠깐 띠 표현

Lesson 13 朋友生病了。 **142**
친구가 병이 났어요.
잠깐 중국의 명절과 기념일

Lesson 14 附近有书店吗? **152**
근처에 서점이 있습니까?
잠깐 중국의 설날과 청명절

Lesson 15 你每天运动吗? **162**
당신은 매일 운동을 합니까?
잠깐 운동 표현

Lesson 16 换钱要带护照。 **172**
돈을 바꾸려면 여권을 가져가야 합니다.
잠깐 외래어 표현

정답 **182**

책 속 별책부록 – 단어장

중국어의 발음

★ 성모

성모는 우리말의 자음과 같은 것으로 초성에 해당되며 운모 앞에 사용된다.
모두 21개가 있으며 발음은 다음과 같다.

쌍순음(双脣音) 위, 아랫 입술이 같이 내는 소리	b p m
순치음(脣齒音) 아랫 입술과 윗니로 내는 소리	f
설첨음(舌尖音) 혀끝을 치아에 살짝 부딪혀 내는 소리	d t n l
설근음(舌根音) 혀 뿌리(목젖 쪽)에서 내는 소리	g k h
설면음(舌面音) 혀 윗면에서 내는 소리	j q x
권설음(卷舌音) 혀 양끝을 밖으로 말아 올려 내는 소리	zh ch sh r
설치음(舌齒音) 혀가 치아에 닿아서 내는 소리	z c s

★ 기본운모

우리말의 모음과 같은 것으로 중성 또는 중성과 종성에 해당한다. 모두 16개가 있으며 발음은 다음과 같다.

i	u	ü	
a	o	e	ê
ai	ei	ao	ou
an	en	ang	eng	er

★ 성모

성모의 모든 음을 한 음씩 설명하면 다음과 같다.

쌍순음(双脣音)	
[b]	윗입술과 아랫입술이 붙였다 떼어내면서 내는 소리로 '뿌어'를 빨리 읽어주면 비슷하게 발음된다.
[p]	윗입술과 아랫입술이 붙였다 떼는 동시에 공기를 내보내면서 내는 소리로 '푸어'를 빨리 읽으면 비슷하게 발음된다.
[m]	비음(鼻音)으로 '무어'를 빨리 읽어주면 비슷하게 발음된다.

순치음(脣齒音)	
[f]	윗니를 아랫입술에 가볍게 대고 그 틈으로 숨을 내쉬며 내는 소리로 영어의 [f]와 같으며, '퍼'가 아닌 'f + 어'로 발음한다.

설첨음(舌尖音)	
[d]	혀끝을 윗니에 살짝 붙였다 떼어내면서 나는 소리이다. '뜨어' 두 음절을 빨리 읽어 한 음절로 발음하면 된다.
[t]	[d]와 같은 방법으로 하되, '트어'를 빨리 발음하면 된다.
[n]	[t]와 같은 방법으로 하되, '느어'를 빨리 발음하면 된다.
[l]	'러'와 비슷한 소리이나 '러'발음은 아니다. 우리말의 '러'는 혀가 윗니 안쪽의 잇몸에 부딪혔다 떨어지는 소리라면 [l]는 혀를 윗니 가까이 있는 잇몸에 붙였다 아래로 떨어뜨리면서 내는 소리이다.

※ 'n'와 'l'는 'u'와 'ü'가 다 올 수 있다.
  예) n + u → nu / l + u → lu / n + ü → nü / l + ü → lü
  'n'와 'l'가 올 때는 'ü' 위의 점을 생략해서는 안 된다.

설근음(舌根音)	
[g]	혀 뿌리(목젖 쪽)에서 내는 소리로 '끄어'를 빨리 읽으면 비슷하게 발음된다.
[k]	[g]와 같은 방법으로 '크어'를 빨리 읽으면 비슷하게 발음된다.
[h]	'흐어'를 빨리 읽으면 비슷하게 발음된다.

설면음(舌面音)	
[j]	'찌'와 같은 발음이다.
[q]	'치'와 같은 발음이되, [j]보다 공기를 좀 더 내보내면 된다.
[x]	'씨'나 '시'처럼 발음하되, 좀 길게 소리를 내면 된다. 영어의 'C'처럼 발음하지 않는다.

권설음(卷舌音)	
[zh]	'즈'와 비슷한 소리이나 '즈'발음은 아니다. [r]발음을 한 상태에서(위, 아래 치아가 닿지 않는 상태) 어금니가 아닌 앞쪽 치아를 닿아 혀를 윗니 안쪽 잇몸에 부딪혔다 떨어지면서 내는 소리다. 혀가 치아에 부딪혀 나는 소리는 우리말의 '즈'발음이다.
[ch]	'츠'와 비슷한 소리이나 '츠'발음은 아니다. [zh]와 같은 방법으로 하되, [zh]보다는 혀가 덜 말린 상태 즉, 윗니의 안쪽 잇몸이 아닌 바로 치아와 연결된 잇몸에 부딪혔다 떨어지면서 내는 소리다. 혀가 치아에 부딪혀 나는 소리는 우리말의 '츠'발음이다.
[sh]	'스'와 비슷한 소리이나 '스'발음은 아니다. [ch]와 같은 방법으로 하되, 혀가 잇몸에 닿지 않는다.
[r]	'을'의 'ㄹ'부분의 소리를 반만 내고 위, 아래 치아에는 혀가 닿지 않게 한다. '을' 글자를 단독으로 발음하면 혀가 많이 올라가는데, 예를 들어 '을지로'를 읽을 때 '을' 글자가 '지' 글자로 넘어가기 직전의 발음과 비슷하다. 또한 입을 너무 옆으로 벌리지 않아야 하며, 길게 발음해주면 된다.

※ 'zh, ch, sh, r'를 단독으로 사용할 경우 'i'를 붙여주며, 발음은 그대로 한다.

설치음(舌齒音)	
[z]	'쯔'와 비슷한 소리이나 '쯔'발음은 아니다. 우리말의 '쯔'발음은 혀가 떠있지만 [z]발음은 혀끝을 아랫니에 대고 발음하면 된다.
[c]	'츠'와 비슷한 소리이나 '츠'발음은 아니다. [z]와 같은 방법으로 발음하되, 입김을 치아 틈 밖으로 내는 소리이다. 손을 입 앞에 놓고 연습하면 입김이 밖으로 나오는지를 확인할 수 있다.
[s]	[c]와 같은 방법으로 발음하되, 입김을 밖으로 내지 않고 '쓰'로 발음한다.

※ 'z, c, s'를 단독으로 사용할 경우 'i'를 붙여주며, 발음은 그대로 한다.

★ 운모

기본운모를 바탕으로 운모를 더 자세히 구분하면 다음과 같다.

단운모(单韵母)						
i	u	ü	a	o	e	ê

▶ 단운모란 하나의 모음으로 구성된 운모이다.

[i]	'이'처럼 발음하며, 'i'로 시작하는 운모가 단독으로 쓰일 경우 앞에 'y'를 붙이거나 'i'를 'y'로 바꾸어 표기한다.
[u]	'우'처럼 발음하며, 'u'로 시작하는 운모가 단독으로 쓰일 경우 앞에 'u'를 'w'로 바꾸어 표기한다.
[ü]	'이'를 길게 발음하면서 입술을 동그랗게 오므린다. 우리말의 '위'발음은 입술이 모였다 다시 옆으로 벌어지지만, 'ü'는 휘파람 부는 모양에서 옆으로 벌어지지 않는다.
[a]	'아'처럼 발음하되, 입은 크게 벌리고 또렷하게 발음한다.
[o]	'오'와 '어'의 중간발음이며, '어'에 가깝게 발음한다.
[e]	'으어'처럼 발음하되, '으'는 짧게 발음한다.
[ê]	'에'처럼 발음하고, 단독으로 쓰지 않으며, 'e'로 표기한다. 모음 'i'나 'ü'와 결합했을 때만 사용한다. 예 i + e → ye ('예'로 발음) ü + e → yue ('위에'로 발음하되, 앞의 ü는 휘파람 부는 모양 유지)

복운모(复韵母)			
ai	ei	ao	ou

▶ 복운모란 운모가 하나가 아닌 것을 말한다.

[ai]	'아이'로 발음
[ei]	'에이'로 발음
[ao]	'아오'로 발음
[ou]	'어우'로 발음

※ [ai] · [ei] · [ao] · [ou] 모두 앞쪽 음은 길고 또렷하게, 뒤쪽은 짧고 가볍게 발음한다.

비운모(鼻韵母)			
an	en	ang	eng

▶ 비운모란 비음(콧소리)인 'n(전설비음운모)', 'ng(후설비음운모)'가 결합하여 이뤄진 운모이다.

[an]	'안'처럼 발음하되, 윗니가 혀끝을 살짝 물며 발음한다.
[en]	'언'처럼 발음하되, 윗니가 혀끝을 살짝 물며 발음한다.
[ang]	'앙'과 같은 발음이되, 'ㅇ'이 두 개가 들어간 것처럼 강하게 발음한다.
[eng]	'엉'과 같은 발음이되, 'ㅇ'이 두 개가 들어간 것처럼 강하게 발음한다.

권설운모(卷舌韵母)
er

▶ 권설운모란 혀를 살짝 말아 입천장에 가까이 가서 내는 소리로 우리말의 '얼'과 비슷하다.

[er]	'얼'과 같은 발음이되, 혀가 입천장에 닿지 않도록 한다.

결합운모(结合韵母)		
i	u	ü

▶ 결합운모는 'i, u, ü'의 결합으로 분류할 수 있다.

[i]	ia	ie	iao	iou	ian	in	iang	ing	iong
[u]	ua	uo	uai	uei	uan	uen	uang	ueng	
[ü]	üe	üan	ün						

결합운모에 대해 좀 더 자세히 설명하자면 다음과 같다.

[i]	ia	ie	iao	iou	ian	in	iang	ing	iong
표기	ya	ye	yao	you	yan	yin	yang	ying	yong
발음	야	예	야오	여우	옌	인	양	잉	용
Tip	[i]는 'y'로 표기한다. [iou]가 성모와 결합할 경우 [o]를 빼고 [iu]로 표기한다. 예 l + iou → liu / j + iou → jiu / n + iou → niu ※ ian은 '얀'이 아닌 '옌'으로 발음된다는 것에 주의하자.								

[u]	ua	uo	uai	uei	uan	uen	uang	ueng
표기	wa	wo	wai	wei	wan	wen	wang	weng
발음	와	워	와이	웨이	완	원	왕	웡
Tip	[u]는 'w'로 표기한다. [uei]와 [uen]이 성모와 결합할 경우 [e]를 빼고 [un]으로 표기한다. 예 d + uei → dui / h + uei → hui / g + uen → gun / k + uen → kun ※ "gun'이나 'kun'을 '군', '쿤'으로 발음하면 안 된다. 이 속에는 'en' 즉, '언' 발음이 들어 있기 때문이다. 주의하자. 'u + eng → ong'으로 표기한다. '옹'과 같은 발음을 하되, 'ㅇ'이 두 개 들어간 것처럼 강하게 발음한다. 예 zhong / chong / tong ※ 'u + eng'만 할 경우 'weng'로 표기한다.							

[ü]	ü	üe	üan	ün
표기	yu	yue	yuan	yun
발음	위	위에	웬	윈
Tip	[ü]는 'y'로 표기한다. 'ü'로 시작하는 운모가 단독으로 쓰일 경우 앞에 'y'를 붙이고, 뒤의 'ü'를 'u'로 표기하며, 'j, q, x' 뒤에 오는 'ü'도 위에 있는 두 점을 없애고 표기한다. 예 y + ü → yu / j + ü → ju / q + ü → qu / x + ü → xu yun은 'ü + en → ün → yun'이므로 '윈'으로 발음된다.				

★ 성조

성조란 음절의 높낮이의 변화로, 네 개의 성조(제1성, 제2성, 제3성, 제4성)가 있다. 운모가 같은 한자라도 성조가 다르면 의미가 달라지기 때문에 성조는 매우 중요하다.

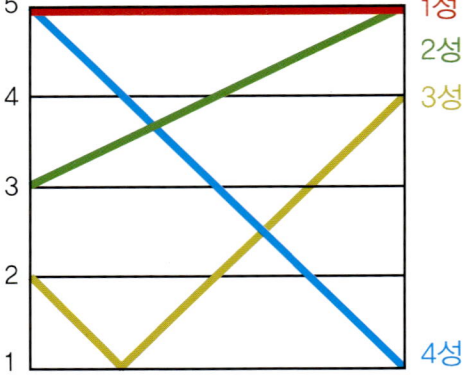

※ 여기서 숫자 1은 가장 낮은 음이고, 숫자 5는 가장 높은 음을 뜻한다. '도~솔'의 의미는 아니지만, 여러분들이 쉽게 이해할 수 있도록 편의상 '도' 또는 '솔'의 표현을 사용하겠다.

1성	친구를 부를 때 '야'라고 짧게 부를 수도 있지만, 먼 거리에 있는 친구를 부를 때는 '야~~~~~'라고 길게 부르듯이 '솔' 정도의 음으로 처음부터 끝까지 쭉 같은 음으로 길게 소리낸다. (5 → 5)
2성	깜짝 놀라면서 하는 말 '뭐? 진짜야?'에서 '뭐?'를 좀 길게 발음하여 중간 음에서 위로 짧게 올라가면서 내는 소리다. (3 → 5)
3성	중간 아래 음에서 가장 낮은 음으로 떨어졌다가 다시 높은 음으로 꺾이듯 소리낸다. '아~ 아' 고개를 숙이면서 앞의 '아~'를 발음하고, 고개를 들면서 뒤의 '아'를 발음하면 된다. (2 → 1 → 4)
4성	가장 높은 음(솔)에서 가장 낮은 음(도)으로 떨어지듯 소리낸다. 여기서 주의할 것은 '아↘'발음을 길게 끄는 것이 아니라, '아↘'하며 끝을 끊어줘야 한다. (5 → 1)

★ 경성

경성은 표준어에서 네 개의 성조 외에 있는 다섯 번째 성조가 아니다. '경성(轻声)'이란 짧고 가볍게 발음되는 음을 말하며, 성조부호를 따로 표기하지 않는다. 경성의 높이는 앞 음절의 성조에 따라 달라진다.

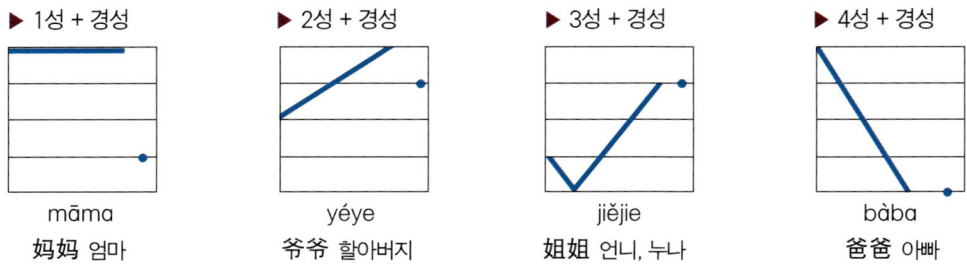

★ 성조부호 표기 위치

성조를 나타내는 기호를 '성조부호'라고 한다. 성조부호는 모두 운모 위에 붙이며, 그 원칙은 다음과 같다.

> ※ 성조 표기 위치: **a e i o u**
> - 운모가 한 개인 경우에는 그 운모 위에 붙인다. 예) nǐ
> - 운모가 두 개 이상인 경우
>   ❶ 'a'가 있으면 'a' 위에 붙인다. 예) hǎo   ❷ 'a'가 없으면 'e'나 'o' 위에 붙인다. 예) xué / yǒu
> - 'iu, ui'는 맨 뒤의 운모 위에 붙인다. 예) liù / zuì
> - 'i'에 성조부호를 표기할 때는 'i'의 점을 빼고 그 위에 표기한다. 예) ī

★ 3성의 변화

▶ 반3성이란?

3성 뒤에 1, 2, 4성 및 경성이 오는 경우, 밑으로 내려가는 앞부분(2→1)까지만 발음하고, 위로 올라가는 뒷부분(1→4)은 발음하지 않는 것을 '반3성(半三声)'이라 한다.

▶ 3성 + 1성 → 반3성 + 1성

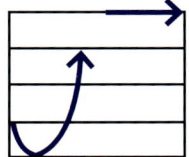 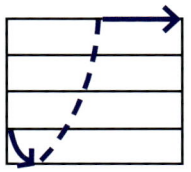

手机 shǒujī 휴대전화

▶ 3성 + 2성 → 반3성 + 2성

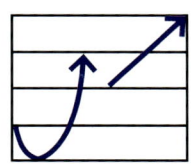 

旅行 lǚxíng 여행

▶ 3성 + 3성 → 2성 + 반3성

 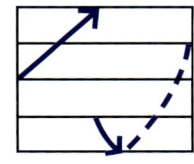

雨伞 yǔsǎn 우산

▶ 3성 + 4성 → 반3성 + 4성

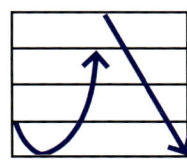 

可乐 kělè 콜라

★ '一'와 '不'의 성조 변화

一 yī	**1, 2, 3성 앞에서 4성** 예) yì tiān 一天 : 하루 　　yì nián 一年 : 1년 　　yì qǐ 一起 : 함께	**「一 / 不」 중간에 있을 때는 경성** 예) lái bu lái 来不来 　　hǎo bu hǎo 好不好 　　kàn yi kàn 看一看 　　xiǎng yi xiǎng 想一想
	4성이나 4성이 경성화된 발음 앞에서 2성 예) yí dìng 一定 : 반드시 　　yí ge 一个 : 한 개	
不 bù	**4성 앞에서 2성** 예) bú shì 不是 : 아니다 　　bú qù 不去 : 안 간다	

★ 중국어의 음절 구성

香	성모(자음)	성조 → 1성 (표기: ˉ)		
		운모(모음)		
		운두	운복	운미
Xiāng	X	i	a	ng

★ 격음부호

음절 구분이 혼돈되기 쉬운 곳 즉, 한 단어에서 [a, o, e]로 시작하는 음절이 다른 음절의 뒤에 이어서 올 경우, 음절 간의 경계를 분명하게 하기 위하여 [']를 사용하는데, 이를 '격음부호'라 한다.
예) Tiān'ānmén 天安门, nǚ'ér 女儿

★ 얼화운(儿化韵)

'儿'은 앞 음절에 사용될 경우 본래의 발음과 성조대로 [ér]로 발음(예 儿子 [érzi] : 아들)되나, 접미사로 사용될 경우에는 단독으로 음절을 이루지 못하고 앞 음절과 함께 한 음절을 이루면서 그 앞 음절의 주요 원음 발음에 변화를 일으켜 권설운모가 되는데, 이를 얼화(儿化)라고 하며, 이렇게 변화하는 음절을 얼화운(儿化韵)이라고 한다. 중국에 가면 사람들의 입에서 '얼~얼~'한다는 말을 자주 듣는다는 것이 바로 이러한 현상이다. '儿'화는 단어의 의미와 품사를 구별할 뿐만 아니라 감정을 부가하는 역할까지 한다. '儿化'의 대표적인 경우는 다음과 같다.

- [a, o, e, u로 끝나는 음 + er]의 경우 : r만 붙인다.
  예 hua + er → huar / niao + er → niaor / ge + er → ger / xiaotou + er → xiaotour
- [ai, ei로 끝나는 음 + er]의 경우 : r만 붙이며, i는 발음하지 않는다.
  예 nühai + er → nühair / yihui + er → yihuir
- [an, en으로 끝나는 음 + er]의 경우 : r만 붙이고 n은 발음하지 않는다.
  예 yidian + er → yidianr / men + er → menr
- 의미와 품사가 변하는 경우
  예 nà (그, 저) + er → nàr (그곳, 저곳) / nǎ (어느) + er → nǎr (어디)

★ 숫자

0	1	2	3	4	5	6	7	8	9	10
零	一	二	三	四	五	六	七	八	九	十
líng	yī	èr	sān	sì	wǔ	liù	qī	bā	jiǔ	shí

※ 六 : l + iou → liu → liù

九 : j + iou → jiu → jiǔ

100	1000	10000	1억
一百	一千	一万	一亿
yì bǎi	yì qiān	yí wàn	yí yì

문장부호 용법

문장부호	용법	예문
[。] 고리점 句号 [jùhào]	마침표로 사용한다. ※ [．] 온점은 주로 과학문헌에 사용한다.	请等一下。 Qǐng děng yíxià. 잠시 기다리세요.
[？] 물음표 问号 [wènhào]	끝에 쓰여 의문을 나타낸다.	他是谁？ Tā shì shéi? 그는 누구입니까?
[！] 느낌표 感叹号 [gǎntànhào]	끝에 쓰여 강렬한 감정과 감탄을 나타낸다.	哎哟！都十二点了。 Āiyō! Dōu shí èr diǎn le. 어머나! 벌써 12시가 다 되었네요.
[，] 쉼표 逗号 [dòuhào]	문장 안에서 짧은 멈춤을 나타낸다.	左等也不来，右等也不来。 Zuǒ děng yě bùlái, yòu děng yě bùlái. 아무리 기다려도 오지 않습니다.
[、] 모점 顿号 [dùnhào]	문장 안에서 병렬 관계인 단어 또는 구 사이에 쓰여 가벼운 멈춤을 나타낸다.	我喜欢吃苹果、香蕉、葡萄和梨。 Wǒ xǐhuan chī píngguǒ、xiāngjiāo、pútáo hé lí. 저는 사과, 바나나, 포도 그리고 배를 좋아합니다.
[：] 쌍점 冒号 [màohào]	뒷문장을 제시하거나, 다음 문장을 끌어내는 데 사용한다.	一共两种颜色：红色、绿色。 Yígòng liǎng zhǒng yánsè: hóngsè、lǜsè. 모두 두 가지 색: 빨간색, 녹색.
[；] 반구절점 分号 [fēnhào]	병렬된 절 사이의 멈춤을 나타낸다.	冬天，冷；夏天，热。 Dōngtiān, lěng; xiàtiān, rè. 겨울은 춥고, 여름은 덥다.

[( )] 괄호 括号 [kuòhào]	문장 중에 주석 부분을 나타낸다. ※ '( ), [ ] 두 가지 사용	午时(上午十一点到下午一点) Wǔshí (shàngwǔ shí yī diǎn dào xiàwǔ yī diǎn) 오시(오전11시부터 오후 1시까지)
[《》][〈〉] 책이표 书名号 [shūmínghào]	책제목, 글제목, 신문, 잡지 등을 표시한다. ※ 책이름표 안에 또 책이름표를 써야할 경우 바깥쪽에 큰책이름표, 안쪽에는 작은 책이름표를 쓴다.	《三国志》在书店都能买到。 《Sānguózhì》zài shūdiàn dōu néng mǎi dào. 《삼국지》는 모든 서점에서 살 수 있다.
[""] [''] 따옴표 引号 [yǐnhào]	인용부분, 강조, 특정한 호칭이나 특수한 의미가 있는 말을 표시하는 데 사용한다. ※ 따옴표 안에 다시 따옴표를 사용할 때에는 바깥쪽에 큰따옴표, 안쪽에는 작은 따옴표를 쓴다. [""] 큰따옴표 / [''] 작은 따옴표	"哪里哪里"是什么意思? "Nǎli nǎli" shì shénme yìsi? "哪里哪里"는 무슨 뜻 입니까?
[……] 줄임표 省略号 [shěnglüèhào]	생략(인용문, 열거)부분, 말줄임 또는 말이 끊겼다 이어졌다 함을 표시할 때 사용한다.	我去过北京、上海……等等。 Wǒ qù guo Běijīng、Shànghǎi……děngděng. 저는 베이징, 상하이 등등 가봤어요.
[—] 줄표 破折号 [pòzhéhào]	의미의 전환, 앞 내용에 대한 설명 혹은 발음상의 중단이나 연장을 나타낸다. ※ 줄표가 이끄는 해설이나 설명이 본문의 일부분이라면, 괄호 안의 해설이나 설명은 본문이 아니며, 다만 주석일 뿐이다.	我想请你吃饭 – 如果你有时间的话。 Wǒ xiǎng qǐng nǐ chī fàn – rúguǒ nǐ yǒu shíjiān dehuà. 식사 한 끼 대접하고 싶은데–만약 시간이 되신다면요.
[.] 강조점 着重号 [zhuózhònghào]	문장 안에서 특히 강조하고 싶은 부분에 표시한다. ※ 가로쓰기 문장의 아래 또는 세로쓰기 문장의 오른쪽에 표시한다.	你要学中国语，一定要看'파선생 중국어 첫걸음'。 Nǐ yào xué Zhōngguóyǔ, yídìng yào kàn '파선생 중국어 첫걸음'. 당신이 중국어를 배워야 한다면 반드시 '파선생 중국어 첫걸음'을 보셔야 합니다.

Lesson 1

老师好! Lǎoshī hǎo! 선생님 안녕하세요!

1. 你 nǐ 너, 당신
2. 您 nín '你'의 존칭
3. 我 / 咱 wǒ / zán (zá) 나
4. 他 tā 그
5. 她 tā 그녀
6. 它 tā 그, 그것 (영어의 'it')
7. 们 men ~들
8. 好 hǎo 좋다 (영어의 'good')
9. 很 hěn 매우, 아주
10. 也 yě ~도, ~역시

⑪	爸爸	bàba	아빠
⑫	妈妈	māma	엄마
⑬	哥哥	gēge	형, 오빠
⑭	姐姐	jiějie	누나, 언니
⑮	弟弟	dìdi	남동생
⑯	妹妹	mèimei	여동생
⑰	老师	lǎoshī	선생님
⑱	都	dōu	모두 (영어의 'all')
⑲	吗	ma	~입니까?
⑳	呢	ne	~는요?, ~는?, ~걸, ~잖아

Lesson 1에서는 누군가를 만났을 때, 가장 먼저 하는 인사표현과 상대방의 안부를 묻고 답하는 방법을 배워보도록 합시다. 본격적인 학습에 들어가기 전에 우선 위의 단어를 암기해 주세요.

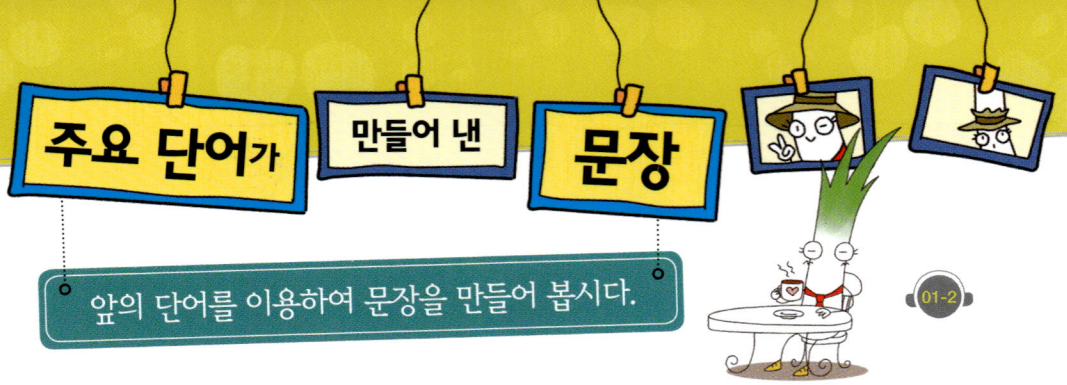

주요 단어가 만들어 낸 문장

앞의 단어를 이용하여 문장을 만들어 봅시다.

你好! 안녕하세요!
Nǐ hǎo!

¹ 你   ⁸ 好
너   좋다

- 아주 많이 쓰는 인사말이다. 영어의 'Hi~'와 같은 의미이므로, 상대방이 '你好!'라고 말하면 '你好!'라고 답하면 된다.

老师好! 선생님 안녕하세요!
Lǎoshī hǎo!

¹⁷ 老师   ⁸ 好
선생님   좋다

- 단어의 뜻을 그대로 해석하면 '선생님 좋다'라고 할 수 있으나, 이 표현은 선생님의 안부를 묻고 있는 것이므로, 해석에 주의하도록 하자.
- '老师'의 위치에 다른 명사를 넣어 응용할 수 있다.

她好吗? 그녀는 잘 있습니까? / 그녀는 잘 지내요?
Tā hǎo ma?

⁵ 她   ⁸ 好   ¹⁹ 吗
그녀   좋다   ~입니까?

- 대부분 사람들은 상대방의 안부를 직접 묻는 '你好吗? Nǐ hǎo ma? 너 잘 지내니? / 너 잘 있니?'라는 표현을 많이 알고 있는데, 실제 회화에서 '你好吗?'의 사용 빈도는 많지 않다.

24 ★ Lesson 1

실제 회화에서는 제3자의 안부를 묻는 표현인 '他好吗? Tā hǎo ma? 그는 잘 있습니까?' 또는 '妈妈好吗? Māma hǎo ma? 어머니는 잘 계십니까?' 등의 표현을 주로 사용한다.

他们好吗? 그들은 잘 지냅니까?
Tāmen hǎo ma?

[4] 他　[7] 们　[8] 好　[19] 吗
　　그　　～들　　좋다　　～입니까?

- '～들'이라는 뜻의 복수 표현인 '们'을 사용해서 '그들은 잘 지냅니까?', '그들은 잘 지내니?'라고 물을 수 있다.

老师吗? 선생님이세요?
Lǎoshī ma?

[17] 老师　[19] 吗
　선생님　　～입니까?

- 상대방이 누구인지 확인할 때 사용하는 표현이다. '老师' 위치에 다른 명사를 넣어 응용할 수 있다.

你呢? 당신은요?
Nǐ ne?

[1] 你　[20] 呢
　너　　～는요?

- [A:너 잘 지내니? B:어, 나 잘 지내, **너는?** A: 나도 잘 지내.]라는 대화문에서, B의 대답 중 '너는?'에 해당하는 표현으로, '너도 잘 지내니?'란 의미다. 즉, '당신도 ～합니까?'라는 말을 줄여서 말할 때 사용한다.

주요 단어가 만들어 낸 문장

哥哥、姐姐呢? 형(오빠), 누나(언니)는요?
Gēge、jiějie ne?

13 哥哥 **14** 姐姐 **20** 呢
형(오빠) 누나(언니) ~는요?

- '형, 누나는?' 혹은 '오빠, 언니는?'이란 뜻으로 역시 축약형이다.
- 여기서 '哥哥'와 '姐姐' 사이에 있는 이 ' 、 '은 '顿号 dùnhào (모점)'이라 해서 병렬 관계인 단어 또는 구 사이의 멈춤을 표시할 때 사용한다. → 문장부호는 p.20 참조

弟弟、妹妹他们呢? 남동생, 여동생 그들은요?
Dìdi、mèimei tāmen ne?

15 弟弟 **16** 妹妹 **4** 他 **7** 们 **20** 呢
남동생 여동생 그 들 ~은요?

- 여기서 조심해야 할 것은 '他们'의 위치이다. 위의 문장에서는 '남동생, 여동생 = 그들'이지만, 만약 '他们弟弟、妹妹呢? Tāmen dìdi, mèimei ne?'가 되면 '그들의 남동생, 여동생들은?'의 의미로 그 의미가 완전히 달라진다.

很好呢! 아주 좋은 걸요!
Hěn hǎo ne!

9 很 **8** 好 **20** 呢
아주 좋다 ~걸요!

- 여기서는 '很好 아주 좋다'에 '呢'의 뉘앙스를 살려서 '아주 좋은 걸~' 정도로 해석한다.
- '呢'는 '~는요?, ~는?'이라는 뜻 외에 '~걸, ~잖아'라는 의미도 가지고 있다. 문맥에 맞춰 해석하도록 하자.

她很好。 그녀는 아주 좋습니다. / 그녀는 아주 잘 지냅니다.
Tā hěn hǎo.

⁵ 她 **⁹ 很** **⁸ 好**
그녀　아주　좋다

- '그녀는 아주 좋다'라는 문장은 상황에 따라 '사람이 좋다'란 의미도 될 수 있고, '그녀는 아주 잘 지낸다'란 의미도 될 수 있다.

我也很好。 저도 잘 지냅니다. / 저도 좋습니다.
Wǒ yě hěn hǎo.

³ 我 **¹⁰ 也** **⁹ 很** **⁸ 好**
나　~도　아주　좋다

- 여기서 '나도 좋다'의 뜻은 '어떤 것을 동의한다'는 뜻이 아니라, '저도 잘 지냅니다, 저도 잘 있습니다'란 의미이다.
- 여기서 나온 '很'은 '매우, 아주'라는 뜻의 부사이지만, 모든 문장에서 '매우, 아주'라고 해석할 필요는 없다. 문맥에 맞춰 자연스럽게 해석하도록 하자.

他们也都很好。 그들도 모두 다 잘 지냅니다.
Tāmen yě dōu hěn hǎo.

⁴ 他 **⁷ 们** **¹⁰ 也** **¹⁸ 都** **⁹ 很** **⁸ 好**
그　~들　~도　모두　아주　좋다

- 위의 문장은 아래의 두 문장이 합쳐진 문장이라 할 수 있다.
  ❶ 他们也很好。 Tāmen yě hěn hǎo. 그들도 잘 지냅니다.
  ❷ 他们都很好。 Tāmen dōu hěn hǎo. 그들 모두 잘 지냅니다.
  ①+②인 '他们也都很好。' 이 문장에서 주의할 것은 '也'와 '都'의 순서다. **'也'가 '都'** 앞에 위치한다는 것을 꼭! 기억하자.

실전을 통한 자연스러운 회화연습

1 아는 사람을 만났을 때

A : 你好! 안녕!
   Nǐ hǎo!

B : □□! 안녕!
   Nǐ hǎo!

2 상대방 부모님의 안부를 묻고 답할 때

A : 爸爸好吗? 아버지는 잘 지내세요?
   Bàba hǎo ma?

B : □□□。 그(아버지)는 잘 지내요.
   Tā hěn hǎo.

A : 妈妈呢? 어머니는요?
   Māma ne?

B : □□□□。 그녀(어머니)도 잘 지내요.
   Tā yě hěn hǎo.

3 상대방 여동생의 안부를 묻고 답할 때

A : ☐☐☐☐? 여동생은 잘 지내요?
Mèimei hǎo ma?

B : 她很好。 그녀(여동생)는 잘 지내요.
Tā hěn hǎo.

4 남자 형제의 안부를 묻고 답할 때

A : ☐☐☐☐? 형은 잘 지내요?
Gēge hǎo ma?

B : 他很好。 그(형)는 잘 지내요.
Tā hěn hǎo.

A : ☐☐☐? 남동생은요?
Dìdi ne?

B : 他也很好。 그(남동생)도 잘 지내요.
Tā yě hěn hǎo.

연습문제를 통한 확인학습

1 병음을 보고 단어를 적어 봅시다.

❶ gēge ➡ ☐ ☐   ❷ wǒmen ➡ ☐ ☐

❸ hǎo ➡ ☐   ❹ dōu ➡ ☐

2 발음을 듣고, 한자와 병음을 적어 봅시다.

❶ ☐ ☐ ➡ _____   ❷ ☐ ☐ ➡ _____

❸ ☐ ☐ ➡ _____   ❹ ☐ ➡ _____

3 우리말에 맞게 중국어를 적어 봅시다.

❶ 안녕!

_____

❷ 너는?

_____

❸ 남동생, 여동생, 그들은요?

_____

❹ 저도 잘 지냅니다.

_____

Lesson 2

您贵姓？ Nín guì xìng? 성함이 어떻게 되시나요?

❶	请问	qǐngwèn	실례합니다, 말씀 좀 묻겠습니다
❷	什么	shénme	무슨, 무엇
❸	名字	míngzi	이름
❹	认识	rènshi	(한 번이라도 봐서)알다
❺	高兴	gāoxìng	기쁘다, 즐겁다, 반갑다
❻	贵	guì	비싸다, 귀하다
❼	姓	xìng	성이 ~이다
❽	叫	jiào	① ~라 부른다 ② 부르다 ③ 울다, 짖다, 지저귀다 ④ 시키다
❾	谁	shéi / shuí	누구
❿	忙	máng	바쁘다

⑪	学生	xuésheng	학생
⑫	学校	xuéxiào	학교
⑬	学习	xuéxí	학습하다, 공부하다
⑭	再见	zàijiàn	안녕 (헤어질 때 하는 인사말)
⑮	吧	ba	~지, ~죠, ~라, ~자(문장 끝에 붙음)
⑯	不	bù	부정의 의미를 나타냄
⑰	是	shì	① ~는 ~이다 ② 네
⑱	和	hé	~와, ~과, 그리고
⑲	太	tài	아주, 매우
⑳	王	Wáng	왕(성씨)

'그렇다, 아니다?'의 질문에 대한 대답으로

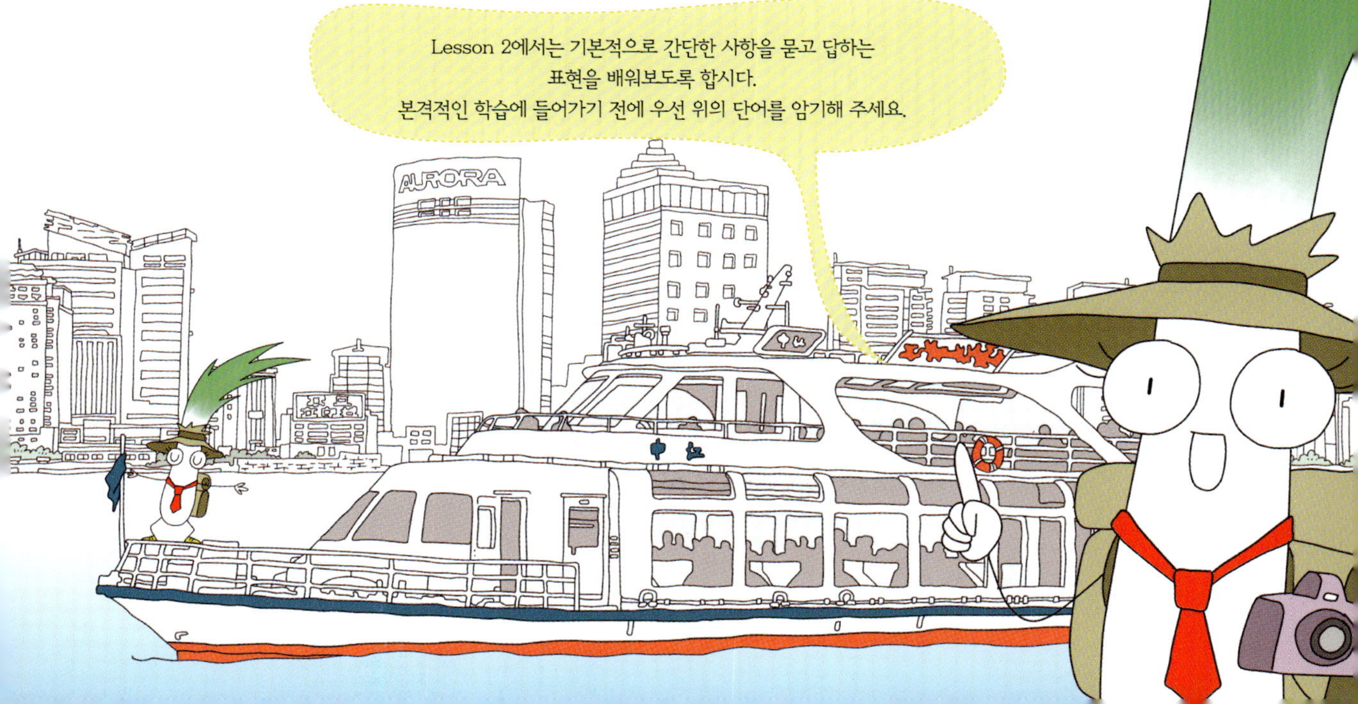

Lesson 2에서는 기본적으로 간단한 사항을 묻고 답하는 표현을 배워보도록 합시다.
본격적인 학습에 들어가기 전에 우선 위의 단어를 암기해 주세요.

주요 단어가 만들어 낸 문장

앞의 단어를 이용하여 문장을 만들어 봅시다.

请问，您贵姓？ 실례합니다만, 성함이 어떻게 되시나요?
Qǐngwèn, nín guì xìng?

① 请问　　您 [LI]　⑥ 贵　⑦ 姓
　실례합니다　당신　귀하다　성이~이다

- 상대방의 성을 정중하게 물을 때는 먼저 '말씀 좀 묻겠습니다, 실례합니다'라고 말한 후에, '贵'를 사용하여 묻는다.
- 처음 본 사람이나 윗사람의 이름을 물을 때 사용하며, 이에 대답할 때는 성만 말하기도 하고, 성을 먼저 말하고 이름을 말하기도 한다. 때론 성과 이름을 다 말하기도 한다.

你叫什么名字？ 이름이 뭐예요?
Nǐ jiào shénme míngzi?

你 [LI]　⑧ 叫　② 什么　③ 名字
당신　부르다　무엇　이름

- '什么名字? Shénme míngzi?'는 '무슨 이름이에요?'라는 의미인데, 여기에 '~라 부른다'라는 의미인 '叫 jiào'가 앞에 와서 '당신 이름을 뭐라고 불러요?'란 의미가 된다. 즉, '당신 이름이 뭐예요?'란 뜻으로, 동년배나 나보다 어린 사람에게 사용하는 표현이다.

他是谁？ 그는 누구입니까?
Tā shì shéi?

他 [LI]　⑰ 是　⑨ 谁
그　~는~이다　누구

---

34 ★ Lesson 2

- '是'은 '~는 ~입니다'라는 뜻으로, 영어의 'is'와 같은 뜻이다.
  예) 我是老师。Wǒ shì lǎoshī. 나는 선생님이다(저는 선생님입니다).
- '누구입니까?'라는 뜻의 '是谁?'의 순서를 바꿔, '谁是~? Shéi shì~?'라고 하면 '누가 ~입니까?'가 된다.
  예) 谁是你弟弟? Shéi shì nǐ dìdi? 누가 당신의 남동생입니까?

你是学生吗? 당신은 학생입니까?
Nǐ shì xuésheng ma?

你[니]　¹⁷是　¹¹学生　吗[니]
당신　~은~이다　학생　~입니까?

- '学生' 자리에 다른 명사를 넣어서 연습해보자.

你学什么? 당신은 무엇을 배웁니까?
Nǐ xué shénme?

你[니]　¹³学　²什么
당신　배우다　무엇

- '学'는 '배우다'라는 뜻과 '흉내 내다'라는 뜻을 가지고 있다.

他学习很好。 그는 공부를 잘 합니다.
Tā xuéxí hěn hǎo.

他[니]　¹³学习　很[니]　好[니]
그　공부　매우　좋다

- '学习'는 〈동사〉로 '학습하다, 공부하다'라는 뜻과 함께, 〈명사〉로 '학습, 공부'라는 뜻으로도 사용된다.

주요 단어가 만들어 낸 문장

您很忙吧? 많이 바쁘시죠?
Nín hěn máng ba?

您 [니] 당신　很 [니] 매우　⑩ 忙 바쁘다　⑮ 吧 ~죠?

- '吧'가 들어가므로 상대방이 바쁠 것이라는 것을 미리 짐작하고 던지는 질문이다.

您忙吧。 수고하세요.
Nín máng ba.

您 [니] 당신　⑩ 忙 바쁘다　⑮ 吧 ~라

- 직역을 하면, '계속 바쁘세요'라는 뜻이 되는데, 이것은 '수고하세요, 나오지 마세요, 바쁘신데 볼일 보세요'라는 의미로 상대방이 바쁘다는 것을 짐작하고 사용하는 말이다. 주로 방문 후 그 자리를 떠날 때 인사말로 사용한다.

认识你，很高兴。 당신을 알게 되어서 아주 기쁩니다. 당신을 만나서 반갑습니다.
Rènshi nǐ, hěn gāoxìng.

④ 认识 알다　你 [니] 당신　很 [니] 매우　⑤ 高兴 기쁘다

- 영어로 'Nice to meet you'의 의미이다.

我姓王，叫……。 제 성은 왕 씨고, ……라고 부릅니다.
Wǒ xìng Wáng, jiào …….

36 ★ Lesson 2

我[Li] ⁷姓 ²⁰王 ⁸叫……
나 성이~이다 왕(성씨) ~라 부르다

- 성과 이름을 따로 말할 때 사용하는 표현이다.
  성과 이름을 동시에 말할 때는 '我叫×××。Wǒ jiào ×××.'라고 하면 된다.
  Tip. 我姓王。Wǒ xìng Wáng. 저는 왕 씨입니다.
  = 我的姓是王。Wǒ de xìng shì Wáng. 저의 성은 왕입니다.
  → 여기서 '的'는 '~의'의 뜻으로 해석된다. ('的'는 p.53 참조)

老师叫你。 선생님이 당신을 부릅니다.
Lǎoshī jiào nǐ.

老师[Li] ⁸叫 你[Li]
선생님   부르다   당신

- 중국어는 영어와 같이 따로 존칭을 구별하여 사용하지 않기 때문에, 친구들끼리 사용할 경우에는 '선생님이 너 불러'라고 해석할 수 있다.

我不太忙。 저는 그다지 바쁘지 않습니다. / 저 별로 바쁘지 않아요.
Wǒ bú tài máng.

我[Li] ¹⁶不 ¹⁹太 ¹⁰忙
나   (부정)   아주   바쁘다

- '不 bù'는 〈완전 부정〉을 나타내고, '太 tài'는 '지나치게 너무~'라는 의미인데, 이 둘이 합쳐지면 중간 정도의 의미인 '그다지~않다, 별로~않다'라는 뜻이 된다.
- '太' 대신 '很'을 사용하여, '我不很忙。Wǒ bù hěn máng.'이 되면, '바쁘긴 한데 그렇게까지 바쁘지는 않다'라는 포지티브(positive)의 의미를 내포하고, '我不太忙。Wǒ bú tài máng.'은 같은 의미라고 해도 네거티브(negative)의 의미에 가깝다.
  긍정, 부정 상관없이 사람들은 발음상 '很'보다 '太'가 더 뚜렷이 들리므로 '太'로 많이 사용한다.
  → '不'의 성조변화는 p.17 참조

실전을 통한 자연스러운 회화연습

1 상대방의 이름을 물어볼 때

A : 请问，☐☐☐? 실례지만, 성함이 어떻게 되십니까?
　　Qǐngwèn, nín guì xìng?

B : 我姓☐。 저는 왕 씨입니다.
　　Wǒ xìng Wáng.

2 오래간만에 선생님을 만났을 때

A : ☐☐，您是不是王☐☐? 실례지만, 왕 선생님 아니십니까?
　　Qǐngwèn, nín shì bu shì Wáng lǎoshī?

B : 我是王老师。请问，您是☐? 제가 왕 선생인데, 실례지만 누구시죠?
　　Wǒ shì Wáng lǎoshī. Qǐngwèn, nín shì shéi?

A : ☐是您学生。老师好! 저 선생님 제자입니다. 선생님 안녕하셨어요!
　　Wǒ shì nín xuésheng. Lǎoshī hǎo!

B : 是吗? 그런가요?
　　Shì ma?

3 바빠보이는 사람에게 근황을 물어볼 때

A : 你忙吗? 바쁘세요?
Nǐ máng ma?

B : 我 ☐ ☐ 忙。 그다지 바쁘지 않습니다.
Wǒ bú tài máng.

4 자매(언니는 선생님, 동생은 학생)와의 대화

A : 谁是老师? 누가 선생님입니까?
Shéi shì lǎoshī?

B : 她是老师，我是 ☐ ☐ 。 그녀가 선생님이고, 저는 학생입니다.
Tā shì lǎoshī, wǒ shì xuésheng.

A : 她是你 ☐ ☐ 吗? 그녀가 당신 여동생입니까?
Tā shì nǐ mèimei ma?

B : 不是，她是我 ☐ ☐ 。
아니요, 그녀는 제 언니입니다.
Bú shì, tā shì wǒ jiějie.

연습문제를 통한 확인학습

1 병음을 보고 단어를 적어 봅시다.

❶ shéi ➡ ☐

❷ rènshi ➡ ☐☐

❸ shénme ➡ ☐☐

❹ gāoxìng ➡ ☐☐

2 발음을 듣고, 한자와 병음을 적어 봅시다.

❶ ☐☐ ➡ _____

❷ ☐☐ ➡ _____

❸ ☐ ➡ _____

❹ ☐ ➡ _____

3 주어진 단어를 배열하여 문장을 완성시켜 봅시다.

❶ 不 bu / 你 nǐ / ? / 忙 máng / 忙 máng

_____

❷ 是 shì / 你 nǐ / ? / 吗 ma / 学生 xuésheng

_____

❸ 忙 máng / ? / 不 bù / 谁 shéi

_____

❹ 叫 jiào / 名字 míngzi / ? / 什么 shénme / 他 tā

_____

Lesson 3

今天几号? Jīntiān jǐ hào? 오늘은 며칠입니까?

1. 今天 jīntiān 오늘
2. 昨天 zuótiān 어제
3. 明天 míngtiān 내일
4. 前天 qiántiān 그저께
5. 大前天 dàqiántiān 그끄저께
6. 后天 hòutiān 모레
7. 大后天 dàhòutiān 글피
8. 生日 shēngrì 생일
9. 电影 diànyǐng 영화
10. 旅行 lǚxíng 여행

⑪	星期 / 礼拜	xīngqī / lǐbài	요일
⑫	年	nián	해, 년
⑬	月	yuè	월
⑭	天 / 日	tiān / rì	일
⑮	号	hào	~일
⑯	出差	chūchāi	출장, 출장가다
⑰	来	lái	오다
⑱	去	qù	가다
⑲	看	kàn	보다
⑳	几	jǐ	몇

Lesson 3에서는 날짜를 이용한 표현과 상대방의 스케줄을 묻고 답하는 표현을 배워보도록 합시다. 본격적인 학습에 들어가기 전에 우선 위의 단어를 암기해 주세요.

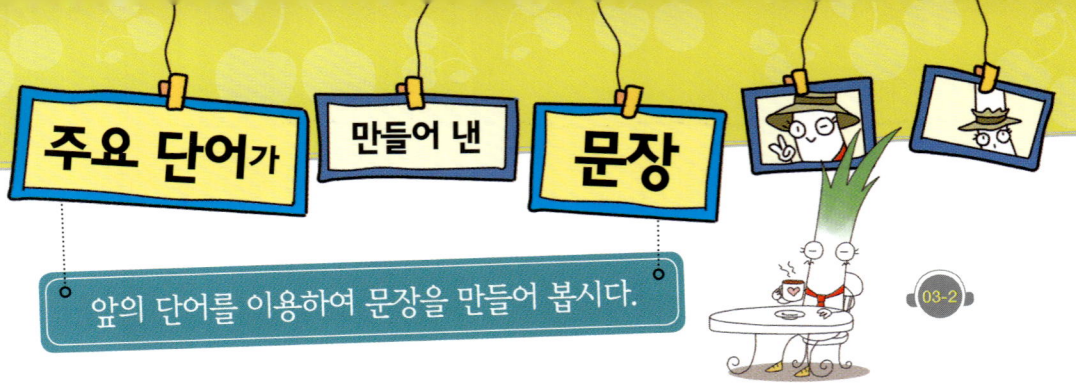

앞의 단어를 이용하여 문장을 만들어 봅시다.

昨天几号? 어제는 며칠입니까?
Zuótiān jǐ hào?

2 昨天 20 几 15 号
  어제   몇   일

- '오늘' 날짜를 물을 때는 '今天 jīntiān', '내일' 날짜를 물을 때는 '明天 míngtiān'을 활용하여 말해 보자.

明天星期几? 내일은 무슨 요일입니까?
Míngtiān xīngqī jǐ?

3 明天 11 星期 20 几
  내일   요일   몇

- '요일'은 '星期'라고 하는데, '~요일'을 말할 때는 '星期~'라고 하며 '~' 부분은 숫자로 표기한다. '무슨 요일'이냐고 할 때는 '몇'에 해당하는 '几'를 사용하여 '星期几'라고 한다. 우리말로 '무슨 요일'이라고 직역해서 '什么星期'라고 해서는 안 된다.

生日是几月几号? 생일은 몇 월 며칠입니까?
Shēngrì shì jǐ yuè jǐ hào?

8 生日 是 L2 20 几 13 月 20 几 15 号
  생일   ~은~이다 몇   월   몇   일

- '生日是几月几号?' 앞에 '你的 nǐ de'를 넣으면 '당신의 생일은 몇 월 며칠입니까?'란 뜻이 된다. 여기서 '的'는 5과에서 자세하게 배우겠지만, '~의'라는 의미이다.
- 위의 문장에서 '是'는 생략해도 되지만, '是'가 있으면 강조의 느낌을 준다.

几号出差? 며칠에 출장갑니까?
Jǐ hào chūchāi?

[20] 几 [15] 号 [16] 出差
　　멸　　일　　출장

你去几天? 며칠 동안 가 있을 것입니까?
Nǐ qù jǐ tiān?

你 [L1] [18] 去 [20] 几 [14] 天
너　　　　가다　멸　　일

- '너 가서 며칠 있을 거니?' 즉, '며칠 동안 가 있을 겁니까?'를 묻는 표현이다.
  ※ 주의할 점은 '去'와 '几'의 위치이다. 위치를 바꿔 '你几号去? Nǐ jǐ hào qù?'라고 하면 '너 며칠에 가니?' 즉, '가는 날짜가 어떻게 되니?'란 뜻이 된다.

你今天去不去? 당신은 오늘 갈 겁니까? 안 갈 겁니까?
Nǐ jīntiān qù bú qù?

你 [L1] [1] 今天 [18] 去 不 [L2] [18] 去
너　　　오늘　　가다 (부정)　가다

> 중국어의 의문문의 세 가지 형태
> ① ~吗? : 你忙吗? Nǐ máng ma? 너 바쁘니?
> ② 의문사 : 他是谁? Tā shì shei? 그는 누구니?
> ③ 동사+동사부정 : 她来不来? Tā lái bù lái? 그녀는 오니?

你看什么电影? 당신은 무슨 영화 보세요?
Nǐ kàn shénme diànyǐng?

你 [L1] [19] 看 什么 [L2] [9] 电影
너　　　 보다　무슨　　　영화

45

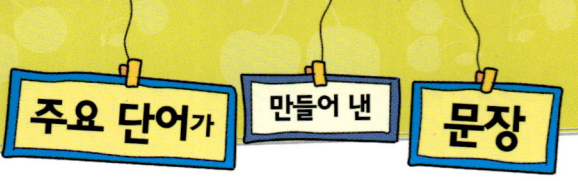

星期几去旅行? 무슨 요일에 여행갑니까?
Xīngqī jǐ qù lǚxíng?

[11] **星期** 요일 [20] **几** 몇 [18] **去** 가다 [10] **旅行** 여행

八月三号。 8월 3일.
Bā yuè sān hào.

[13] **八月** 8월 [15] **三号** 3일

• 중국어로 월과 일을 알아보자.

1월	一月 [yīyuè]	2월	二月 [èryuè]	3월	三月 [sānyuè]
4월	四月 [sìyuè]	5월	五月 [wǔyuè]	6월	六月 [liùyuè]
7월	七月 [qīyuè]	8월	八月 [bāyuè]	9월	九月 [jiǔyuè]
10월	十月 [shíyuè]	11월	十一月 [shíyīyuè]	12월	十二月 [shí'èryuè]

1일	一号 [yīhào]	2일	二号 [èrhào]	3일	三号 [sānhào]
4일	四号 [sìhào]	5일	五号 [wǔhào]	6일	六号 [liùhào]
7일	七号 [qīhào]	8일	八号 [bāhào]	9일	九号 [jiǔhào]
10일	十号 [shíhào]	11일	十一号 [shíyīhào]	12일	十二号 [shí'èrhào]
13일	十三号 [shísānhào]	14일	十四号 [shísìhào]	15일	十五号 [shíwǔhào]
16일	十六号 [shíliùhào]	17일	十七号 [shíqīhào]	18일	十八号 [shíbāhào]
19일	十九号 [shíjiǔhào]	20일	二十号 [èrshíhào]	21일	二十一号 [èrshíyīhào]
22일	二十二号 [èrshí'èrhào]	23일	二十三号 [èrshísānhào]	24일	二十四号 [èrshísìhào]
25일	二十五号 [èrshíwǔhào]	26일	二十六号 [èrshíliùhào]	27일	二十七号 [èrshíqīhào]
28일	二十八号 [èrshíbāhào]	29일	二十九号 [èrshíjiǔhào]	30일	三十号 [sānshíhào]
31일	三十一号 [sānshíyīhào]				

星期四。 목요일입니다.
Xīngqīsì.

11 星期四
목요일

- 중국어로 월요일부터 일요일까지 알아보자.

월요일	화요일	수요일	
星期一 [xīngqīyī]	星期二 [xīngqīèr]	星期三 [xīngqīsān]	
목요일	금요일	토요일	일요일
星期四 [xīngqīsì]	星期五 [xīngqīwǔ]	星期六 [xīngqīliù]	星期天 [xīngqītiān]

他今天不来，明天来。 그는 오늘 안 오고, 내일 옵니다.
Tā jīntiān bù lái, míngtiān lái.

他 [L1] **1** 今天 不 [L2] **17** 来 **3** 明天 **17** 来
그   오늘   (부정)   오다   내일   오다

星期天我和妹妹去看电影。 일요일에 저는 여동생과 영화 보러 갑니다.
Xīngqītiān wǒ hé mèimei qù kàn diànyǐng.

11 星期天 我 [L1] 和 [L2] 妹妹 [L1] **18** 去 **19** 看 **9** 电影
일요일   나   와   여동생   가다   보다   영화

실전을 통한 자연스러운 회화연습

1 날짜를 물어볼 때

A : ☐☐☐☐? 내일은 며칠이야?
Míngtiān jǐ hào?

B : 明天六号。 내일은 6일이야.
Míngtiān liù hào.

2 요일을 물어볼 때

A : ☐☐☐☐☐? 모레는 무슨 요일이야?
Hòutiān xīngqī jǐ?

B : 后天星期五。 모레는 금요일이야.
Hòutiān xīngqīwǔ.

3 상대방의 일정(날짜)을 물어볼 때

A : 你几号去? 너 며칠에 가?
Nǐ jǐ hào qù?

B : ☐☐☐☐。 나 10일에 가.
Wǒ shí hào qù.

4 상대방의 일정(요일)을 물어볼 때

A : 星期几来? 무슨 요일에 와?
Xīngqī jǐ lái?

B : ☐☐☐☐。 일요일에 와.
Xīngqītiān lái.

연습문제를 통한 확인학습

1 병음을 보고 단어를 적어 봅시다.

❶ diànyǐng → ☐☐   ❷ zuótiān → ☐☐

❸ lái → ☐   ❹ hào → ☐

2 발음을 듣고, 한자와 병음을 적어 봅시다.

❶ ☐☐ → _____   ❷ ☐☐ → _____

❸ ☐ → _____   ❹ ☐☐ → _____

3 우리말에 맞게 중국어를 적어 봅시다.

❶ 금요일에 바쁘니?

_____

❷ 우리 내일 영화 보러 가자.

_____

❸ 며칠에 가?

_____

❹ 오늘 오니 안 오니?

_____

Lesson 4

这是什么? Zhè shì shénme? 이것은 무엇입니까?

❶	个	gè	~개
❷	这	zhè / zhèi	이~, 이것
❸	那	nà / nèi	그, 저, 그것
❹	哪	nǎ	어느
❺	人	rén	사람
❻	两	liǎng	두~, 둘~ (양사 앞에 쓰임)
❼	本	běn	~권
❽	书	shū	책
❾	有	yǒu	있다, 가지고 있다 (소유의 의미)
❿	没有	méiyǒu	없다, 가지고 있지 않다, ~않다

⑪	的	de	~의, ~한, ~의 것, ~한 것
⑫	手机	shǒujī	휴대전화
⑬	知道	zhīdao	(지식, 정보를 통해서)알다
⑭	汉语	Hànyǔ	중국어
⑮	韩语	Hányǔ	한국어
⑯	支	zhī	~자루, ~개피
⑰	笔	bǐ	펜
⑱	英语	Yīngyǔ	영어
⑲	没关系	méiguānxi	괜찮습니다
⑳	对不起	duìbuqǐ	미안합니다, 죄송합니다

Lesson 4에서는 지시대명사(이, 그, 저, 어느)를 이용한 표현과, 소유를 나타내는 표현, 개수를 나타내는 표현 등을 배워보도록 합시다. 본격적인 학습에 들어가기 전에 우선 위의 단어를 암기해 주세요.

주요 단어가 **만들어 낸** **문장**

앞의 단어를 이용하여 문장을 만들어 봅시다.

这是什么? 이것은 무엇입니까?
Zhè shì shénme?

② 这 是 [L2] 什么 [L2]
이것 ~은~이다 무엇

- '是'를 빼고, '这什么?'라고 해도 되지만, 이렇게 되면 '이거 뭐냐?'란 느낌의 말도 되기 때문에, '是'를 넣어 정확하고 공손하게 표현한다.

这是你的手机吗? 이것은 당신의 휴대전화입니까?
Zhè shì nǐ de shǒujī ma?

② 这 是 [L2] 你 [L1] ¹¹的 ¹²手机 吗 [L1]
이것 ~은~이다 당신 ~의 휴대전화 ~입니까?

哪个是你的? 어느 것이 당신 것입니까?
Nǎ ge shì nǐ de?

⁴ 哪 ¹ 个 是 [L2] 你 [L1] ¹¹的
어느 것 개 ~은~이다 당신 ~의 것

54 ★ Lesson 4

那个人是谁? 저 사람은 누구입니까?
Nà ge rén shì shéi?

那 个 人 是 谁
저 개 사람 ~은~이다 누구

几个人知道? 몇 명이 알고 있습니까?
Jǐ ge rén zhīdao?

几 个 人 知道
몇 개 사람 알다

- '几个人?'는 '몇 사람입니까?, 몇 명입니까?'란 뜻이고, '几个人知道?'라고 하면 몇 사람이 그 일이나 사건, 정보 등을 알고 있는지를 물어보는 뜻이 된다.
- '几个人认识你? Jǐ ge rén rènshi nǐ?'하면 '몇 명이 당신을 압니까?'가 되고, 반대로 '你认识几个人? Nǐ rènshi jǐ ge rén?'하면 '당신은 몇 명을 압니까?'의 뜻이 된다.

你有几支笔? 당신은 펜이 몇 개 있습니까?
Nǐ yǒu jǐ zhī bǐ?

你 有 几 支 笔
너 가지고있다 몇 개(자루) 펜

- '당신은 몇 자루의 펜을 갖고 있습니까?'의 뜻이다.
- '支'는 막대 모양의 물건을 세는 양사로 '~자루(펜), ~개피(담배)'의 의미를 지닌다.

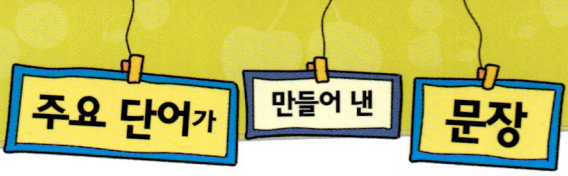

他有没有笔? 그는 펜이 있습니까? 없습니까?
Tā yǒu méiyǒu bǐ?

他 [L1]　有 ⁹　没有 ¹⁰　笔 ¹⁷
그　가지고 있다　가지고 있지 않다　펜

- '有'는 존재의 의미가 아닌 〈소유의 의미〉를 나타낸다.

这是谁的汉语书? 이것은 누구의 중국어 책입니까?
Zhè shì shéi de Hànyǔ shū?

这 ²　是 [L2]　谁 [L2]　的 ¹¹　汉语 ¹⁴　书 ⁸
이것　~은 ~이다　누구　~의　중국어　책

- '这是谁的?'는 '이것은 누구의 것입니까?'라는 뜻이 된다.

对不起，这不是我的英语书。 미안합니다. 이것은 제 영어 책이 아닙니다.
Duìbuqǐ, zhè búshì wǒ de Yīngyǔ shū.

对不起 ²⁰　这 ²　不 [L2]　是 [L2]　我 [L1]　的 ¹¹　英语 ¹⁸　书 ⁸
미안합니다　이것　아니다　~은 ~이다　나　~의　영어　책

- 我的。Wǒ de. 제 것입니다.

  是我的。Shì wǒ de. 제 것이 맞습니다. / 네~, 제 것입니다.

  → '是'가 들어가면 문장이 강조된다.

  不是我的。Búshì wǒ de. 제 것이 아닙니다.

我有两本韩语书。 저는 두 권의 한국어 책이 있습니다.
Wǒ yǒu liǎng běn Hányǔ shū.

我 [L1]	⁹有	⁶两	⁷本	¹⁵韩语	⁸书
나	있다	두	권	한국어	책

- '两'은 양사 앞에 사용한다.
- '本'은 책을 셀 때 사용하는 양사로 '~권'이라는 뜻을 나타낸다.

是的。 그렇습니다.
Shì de.

是 [L2]	¹¹的
네	

- '是'와 '是的'는 모두 'yes'란 뜻이다. 한국어에 '네'란 말과, '그렇습니다'란 말이 있는데, '是'가 '네'라고 한다면, '是的'는 '그렇습니다'로 마무리를 해주는 느낌을 준다.

我叫他来的。 제가 그를 오라고 했습니다.
Wǒ jiào tā lái de.

我 [L1]	叫 [L2]	他 [L1]	来 [L3]	¹¹的
나	부르다	그	오다	~한

- '谁叫他来的? Shuí jiào tā lái de? 누가 그를 오라고 했어?'란 질문에 대한 대답으로, '내가 그를 오라고 불렀어.' 즉, '내가 그를 오라고 한 거야.'라는 뜻이다.

  Tip. '谁吃的? Shéi chī de?'라고 하면 '누가 먹은 건데?, 누가 먹은 거야?'라는 뜻으로 먹은 사람이 누군지를 알려고 할 때 '的'를 사용하여 표현한다. 이 표현은 추궁의 뉘앙스를 내포하기도 한다.

  예) 谁买的? Shéi mǎi de? 누가 산 건데?
  我买的。 Wǒ mǎi de. 내가 산 거야. (내가 산 건데.)

실전을 통한 자연스러운 회화연습

1 저기 있는 사람을 아냐고 물어 볼 때

A : ☐☐☐你认识吗? 저 사람 아세요?
　　Nà ge rén nǐ rènshi ma?

B : 我不认识。 모릅니다.
　　Wǒ bú rènshi.

2 펜이 몇 자루 있냐고 물어볼 때

A : 你有几支☐? 펜 몇 자루 있으세요?
　　Nǐ yǒu jǐ zhī bǐ?

B : 我有☐支笔。 두 자루 있습니다.
　　Wǒ yǒu liǎng zhī bǐ.

3 누구의 것인지 확인할 때

A : 你知道☐☐谁的吗? 이것이 누구의 것인지 당신은 아십니까?
Nǐ zhīdao zhè shì shéi de ma?

B : ☐☐☐。 모릅니다.
Bù zhīdào.

4 휴대전화가 있는지 물어 볼 때

A : 你有没有☐☐? 휴대전화 있습니까? 없습니까?
Nǐ yǒu méiyǒu shǒujī?

B : 我☐☐。 저는 없습니다.
Wǒ méiyǒu.

A : 你☐☐呢? 당신 남동생은요?
Nǐ dìdi ne?

B : ☐☐没有。 그도 없습니다.
Tā yě méiyǒu.

연습문제를 통한 확인학습

1 병음을 보고 단어를 적어 봅시다.

❶ duìbuqǐ ➜ ☐ ☐ ☐   ❷ méiyǒu ➜ ☐ ☐

❸ shū ➜ ☐   ❹ nǎ ➜ ☐

2 발음을 듣고, 한자와 병음을 적어 봅시다.

❶ ☐ ☐ ➜ _____   ❷ ☐ ☐ ➜ _____

❸ ☐ ☐ ➜ _____   ❹ ☐ ➜ _____

3 우리말에 맞게 중국어를 적어 봅시다.

❶ 남동생은 한국어 책이 없습니다.
_____

❷ 이것은 누구의 휴대전화입니까?
_____

❸ 저는 두 자루의 펜이 있습니다.
_____

❹ 그는 무엇을 알고 있습니까?
_____

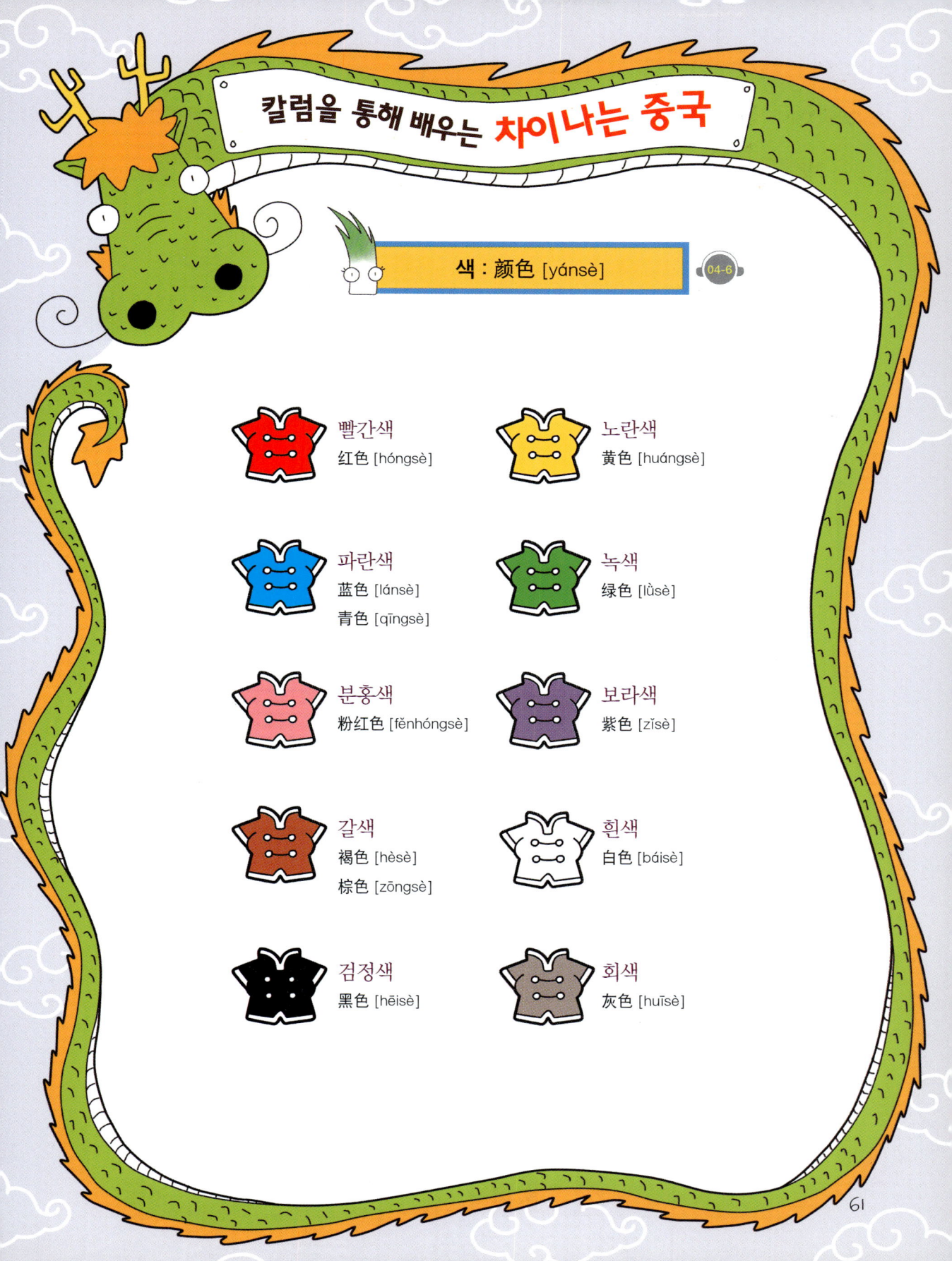

Lesson 5

你去哪儿? Nǐ qù nǎr? 어디 가세요?

❶	这儿	zhèr	여기
❷	那儿	nàr	거기, 저기
❸	哪儿	nǎr	어디
❹	前面	qiánmian	앞
❺	后面	hòumian	뒤
❻	上面	shàngmian	위
❼	下面	xiàmian	아래
❽	左边(儿)	zuǒbian(r)	왼쪽
❾	右边(儿)	yòubian(r)	오른쪽
❿	中间	zhōngjiān	중간, 가운데

bian, biān 모두 가능

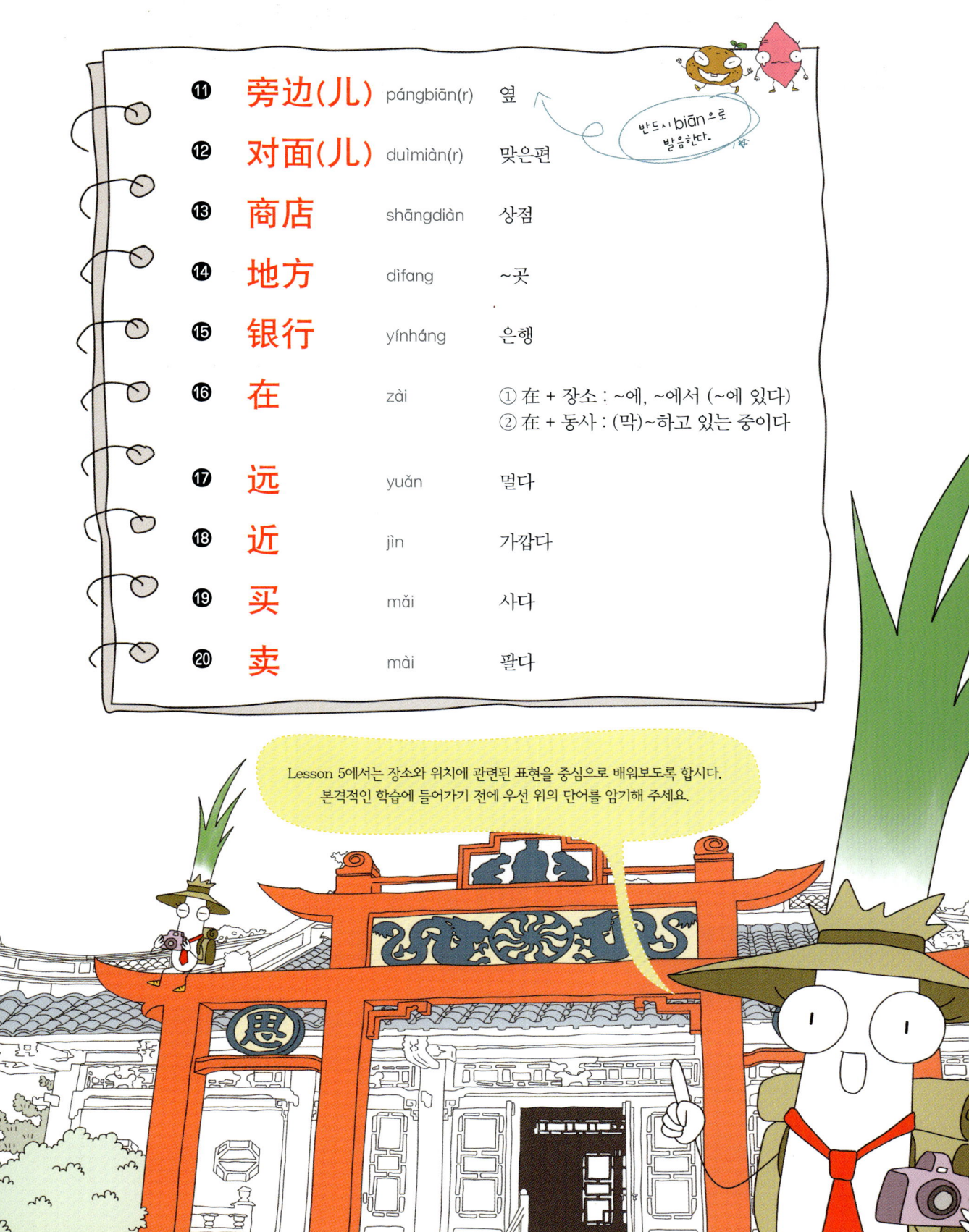

⑪	旁边(儿)	pángbiān(r)	옆
⑫	对面(儿)	duìmiàn(r)	맞은편
⑬	商店	shāngdiàn	상점
⑭	地方	dìfang	~곳
⑮	银行	yínháng	은행
⑯	在	zài	① 在 + 장소 : ~에, ~에서 (~에 있다) ② 在 + 동사 : (막)~하고 있는 중이다
⑰	远	yuǎn	멀다
⑱	近	jìn	가깝다
⑲	买	mǎi	사다
⑳	卖	mài	팔다

반드시 biān으로 발음한다.

Lesson 5에서는 장소와 위치에 관련된 표현을 중심으로 배워보도록 합시다.
본격적인 학습에 들어가기 전에 우선 위의 단어를 암기해 주세요.

주요 단어가 만들어 낸 문장

앞의 단어를 이용하여 문장을 만들어 봅시다.

你去哪儿? **당신은 어디에 갑니까?**
Nǐ qù nǎr?

你 [L1] 去 [L3] ③ 哪儿
너   가다   어디

- 여기에 완료를 나타내는 '了'를 넣으면 '你去哪儿了? Nǐ qù nǎr le? 너 어디 갔었어?, 너 어디 갔었니?'의 의미가 된다. → '了'는 Lesson6, 단어장 p.27 20번 참조

你在哪儿? **당신은 어디에 있습니까?**
Nǐ zài nǎr?

你 [L1] ⑯ 在 ③ 哪儿
너   ~에 있다   어디

- 여기에 완료를 나타내는 '了'를 넣으면 '你在哪儿了? Nǐ zài nǎr le? 너 어디에 있었어?, 너 어디에 있었니?'의 의미가 된다.

你去商店买什么? **당신은 상점에 가서 무엇을 살 겁니까?**
Nǐ qù shāngdiàn mǎi shénme?

你 [L1] 去 [L3] ⑬ 商店 ⑲ 买 什么 [L2]
너   가다   상점   사다   무엇

- 여기에 완료를 나타내는 '了'를 넣으면 '你去商店买什么了? Nǐ qù shāngdiàn mǎi shénme le? 너 상점가서 뭐 샀어?, 너 상점가서 뭐 샀니?' 의 의미가 된다.

妈妈在不在? 어머니 계세요? 안 계세요?
Māma zài bu zài?

妈妈 [L1]   16 在 不 [L2]   16 在
엄마   있다 (부정)   있다

- '엄마 있니 없니?' 즉, '엄마 계시니 안 계시니?'라는 뜻이다.
- '在不在' 뒤에 장소를 붙여 질문을 하면 그 장소에 '있는지 없는지'를 묻는 것이므로 더 상세한 질문이 될 수 있다.
  - 예) 妹妹在不在学校? Mèimei zài bu zài xuéxiào? 여동생은 학교에 있니 없니?

学校对面(儿)卖什么? 학교 맞은편에는 무엇을 팝니까?
Xuéxiào duìmiàn(r) mài shénme?

学校 [L2]   12 对面(儿)   20 卖   什么 [L2]
학교   맞은편   팔다   무엇

这儿是什么地方? 여기가 어디입니까?
Zhèr shì shénme dìfang?

1 这儿   是 [L2]   什么 [L2]   14 地方
여기   ~이~이다   어디   ~곳

- '여기 어디야?', '여기 뭐 하는 곳이야?'라는 뜻이다.
- '这儿什么地方? Zhèr shénme dìfang?'이라고 해도 같은 뜻이 된다.
- '这儿' 위치에 〈장소〉를 나타내는 어휘를 넣고, '~은(는) 어디에 있습니까?'라고 물을 때는 '什么地方' 앞에 '在'를 쓴다.
  - 예) 银行在什么地方? Yínháng zài shénme dìfang? 은행은 어디에 있습니까?

주요 단어가 만들어 낸 문장

你在看什么书？ 당신은 무슨 책을 보고 있습니까?
Nǐ zài kàn shénme shū?

你[L1] 在[16][L3] 看[L3] 什么[L2] 书[L4]
너 / 하고 있는 중이다 / 보다 / 무슨 / 책

去哪儿买呢？ 어디 가서 사죠?
Qù nǎr mǎi ne?

去[L3] 哪儿[3] 买[19] 呢[L1]
가다 / 어디 / 사다 / ~는요?

• '去哪儿买?'는 '어디 가서 사?'라는 뜻인데, 여기에 '呢'가 붙어 '去哪儿买呢?'가 되면 '어디 가서 사지?', '어디 가서 사면 될까?'의 뜻이 된다. '呢'로 인해 발생하는 뉘앙스를 잘 기억해 두자.

哪儿是上面？哪儿是下面？ 어디가 위고, 어디가 아래입니까?
Nǎr shì shàngmian? Nǎr shì xiàmian?

哪儿[3] 是[L2] 上面[6] 哪儿[3] 是[L2] 下面[7]
어디 / ~이~이다 / 위 / 어디 / ~이~이다 / 아래

商店在银行旁边(儿)。 상점은 은행 옆에 있습니다.
Shāngdiàn zài yínháng pángbiān(r).

商店[13] 在[16] 银行[15] 旁边(儿)[11]
상점 / ~에 있다 / 은행 / 옆

妹妹在(我)右边(儿)，弟弟在(我)左边(儿)，我在(他们)中间。
Mèimei zài (wǒ) yòubian(r), dìdi zài (wǒ) zuǒbian(r), wǒ zài (tāmen) zhōngjiān.
여동생은 (제) 오른쪽에 있고, 남동생은 (제) 왼쪽에 있으며, 저는 (그들) 중간에 있습니다.

妹妹 [L1] ⁱ⁶在 我 [L1] ⁹右边(儿) 弟弟 ⁱ⁶在 我 [L1] ⁸左边(儿)
여동생 ~에 있다 나 오른쪽 남동생 ~에 있다 나 왼쪽

我 ⁱ⁶在 他们 [L1] ¹⁰中间
나 ~에 있다 그들 중간

那儿不远，很近。 거기는 멀지 않고, 매우 가깝습니다.
Nàr bù yuǎn, hěn jìn.

²那儿 不[L2] ¹⁷远 很[L1] ¹⁸近
거기 (부정) 멀다 매우 가깝다

老师在我前面，我在老师后面。
Lǎoshī zài wǒ qiánmian, wǒ zài lǎoshī hòumian.
선생님은 제 앞에 계시고, 저는 선생님 뒤에 있습니다.

老师[L1] ¹⁶在 我[L1] ⁴前面 我 ¹⁶在 老师 ⁵后面
선생님 있다 나 앞 나 있다 선생님 뒤

실전을 통한 자연스러운 회화연습

1 여동생을 찾을 때

A : 她在不在☐☐? 그녀(제 여동생)는 거기에 있습니까? 없습니까?
Tā zài bu zài nàr?

B : 你妹妹不在☐☐。 당신 여동생은 여기에 없습니다.
Nǐ mèimei bú zài zhèr.

A : 她在☐☐呢? 그녀(제 여동생)는 어디에 있을까요?
Tā zài nǎr ne?

B : 我也不知道。 저도 모릅니다.
Wǒ yě bù zhīdào.

2 서점의 위치를 물어 찾아 갈 때

A : 你知道在哪儿卖☐☐☐吗? 중국어 책을 어디서 파는 지 아십니까?
Nǐ zhīdao zài nǎr mài Hànyǔ shū ma?

B : 你去☐☐(☐)的商店看看吧。 맞은편 상점에 가보세요.
Nǐ qù duìmiàn(r) de shāngdiàn kànkan ba.

3 먹을 곳을 찾을 때

A : 上下都是□手机的地方。
Shàngxià dōu shì mài shǒujī de dìfang.
위층과 아래층이 다 휴대전화 파는 곳이네요.

B : 这儿没有卖□□。 여긴 먹을 것을 파는 곳이 없네요.
Zhèr méiyǒu mài chī de.

A : 我们去旁边(儿)的□□看看吧。 우리 옆 상점에 가봐요.
Wǒmen qù pángbiān(r) de shāngdiàn kànkan ba.

B : □□。 그럽시다.
Hǎo ba.

연습문제를 통한 확인학습

1 병음을 보고 단어를 적어 봅시다.

❶ zài → ☐

❷ mǎi → ☐

❸ yínháng → ☐ ☐

❹ pángbiān → ☐ ☐

2 발음을 듣고, 한자와 병음을 적어 봅시다.

❶ ☐ ☐ → _____

❷ ☐ ☐ → _____

❸ ☐ ☐ → _____

❹ ☐ → _____

3 우리말에 맞게 중국어를 적어 봅시다.

❶ 당신 집 맞은 편에 무엇이 있습니까?

_____

❷ 그는 여기에 없습니다.

_____

❸ 은행과 상점은 아주 가깝습니다.

_____

❹ 그녀는 학교에 없습니다.

_____

칼럼을 통해 배우는 차이나는 중국

💗 **빨간색** : 중국인들이 좋아하는 색이며, 나쁜 것을 다 막아주고 풍요와 복을 불러들이는 색이다. 결혼 축의금이나 설날 세뱃돈 등 기쁜 일들이 있을 때 돈을 '빨간색 봉투(红包 hóngbāo)'에 넣어 준다. 또한 중책을 맡거나 인기 있는 사람을 '红人 hóngrén'이라 하고, 인기스타를 '红星 hóngxīng'이라고 한다.

💛 **노란색** : 금색과 같아 황제의 색으로 귀족의 색이며, 재복(财富)의 뜻이 포함된다. 하지만 '음탕하다'는 의미도 있기 때문에 '黄色'하면 '야한 색'의 뜻도 있다. 예를 들면 '黄色小说 huángsèxiǎoshuō'는 '야한 소설, 에로 소설'이라는 뜻이고, '黄色电影 huángsèdiànyǐng'은 '에로 영화'란 뜻이다.

💚 **녹색** : 모자를 쓰더라도 녹색모자는 쓰지 말아야 한다. 중국에서 남자들이 녹색 모자를 쓰는 것은 '내 여자친구가 바람 났소'라는 의미와 같기 때문이다. 누구에게 '戴绿帽(子) dàilǜmào(zi) 녹색 모자를 쓰다'라고 하면 '여자친구 또는 아내가 딴 남자와 바람이 났다'라는 뜻이다.

그 유래를 살펴보면 옛날 한 부부가 있었다. 아내는 아름답고 요염하며 우아했다. 절세미인이라 평소에 남자들이 구애를 많이 했다. 남편은 장사꾼이라 외지로 장사를 하러 나가 집을 자주 비웠다. 항상 집을 지키던 아내는 외로움을 이기지 못하고 끝내 비단장수와 사랑에 빠지고 말았다. 한번은 남편이 집에 들어와 3개월 동안 집 밖을 나가지 않았고, 비단장수는 매일매일 그 집 주변을 맴돌았다. 그러던 어느 날 남편이 말을 타고 사냥을 하러 성 밖에 나갔는데, 비단장수는 그것을 보고 '장사하러 드디어 나갔구나'하며 그녀의 집으로 갔다. 그날 밤 남편이 돌아와 아내도 놀라고 비단장수도 깜짝 놀라 침대 밑에 숨어 하루를 보냈다. 그후 아내는 비단장수에게 녹색 천을 달라고 하며 모자를 하나 만들었다. 또한 비단장수에게 내 남편이 녹색 모자를 쓰고 나갈 때는 '장사하러 가는 것이니 내게 와도 된다'라는 약속도 했다. 남편은 그저 아내가 선물한 녹색 모자에 기뻐하며 자랑하였는데, 사람들이 이를 보고 비웃으며 '녹색 모자를 썼다'라는 말을 사용하기 시작했다.

🖤 **검정색** : 귀신을 불러들이는 색이다. 흰색이나 검정색 옷을 좋아하지 않으며 심지어 죽은 사람 수의도 검정색 단색을 사용하지 않는다. 또한 중국에서는 마음이 음흉한 자를 표현할 때 黑 자를 사용한다.

    예) 黑名单 hēimíngdān 블랙 리스트　黑社会 hēishèhuì 암흑가　黑市 hēishì 암시장

🤍 **흰색** : 제일 싫어하는 색이라고 할 수 있으며, 죽음을 의미하기도 한다. 특히, 축의금이나 뇌물을 흰 봉투에 주면 안 된다.

你家有几口人? 집에 가족이 몇 명 있습니까?
Nǐ jiā yǒu jǐ kǒu rén?

1. 爷爷 yéye 할아버지
2. 奶奶 nǎinai 할머니
3. 北京 Běijīng 베이징(북경)
4. 爱人 àiren 남편, 아내
5. 结婚 jiéhūn 결혼
6. 公司 gōngsī 회사
7. 职员 zhíyuán 직원
8. 医生 yīshēng 의사
9. 大夫 dàifu 의원, 의사
10. 护士 hùshi 간호사

#	漢字	拼音	한국어
⑪	年级	niánjí	학년
⑫	小学	xiǎoxué	초등학교
⑬	中学 / 初中	zhōngxué / chūzhōng	중학교
⑭	高中	gāozhōng	고등학교
⑮	大学	dàxué	대학교
⑯	家	jiā	집
⑰	里	lǐ	~안, ~속
⑱	口	kǒu	입, 맛, 식구
⑲	位	wèi	~분
⑳	了	le	동작의 변화나 완료를 나타냄

Lesson 6에서는 가족관계에 대해 말하고, 학생인 경우 몇 학년인지 표현하는 방법에 대해 배워보도록 합시다. 본격적인 학습에 들어가기 전에 우선 위의 단어를 암기해 주세요.

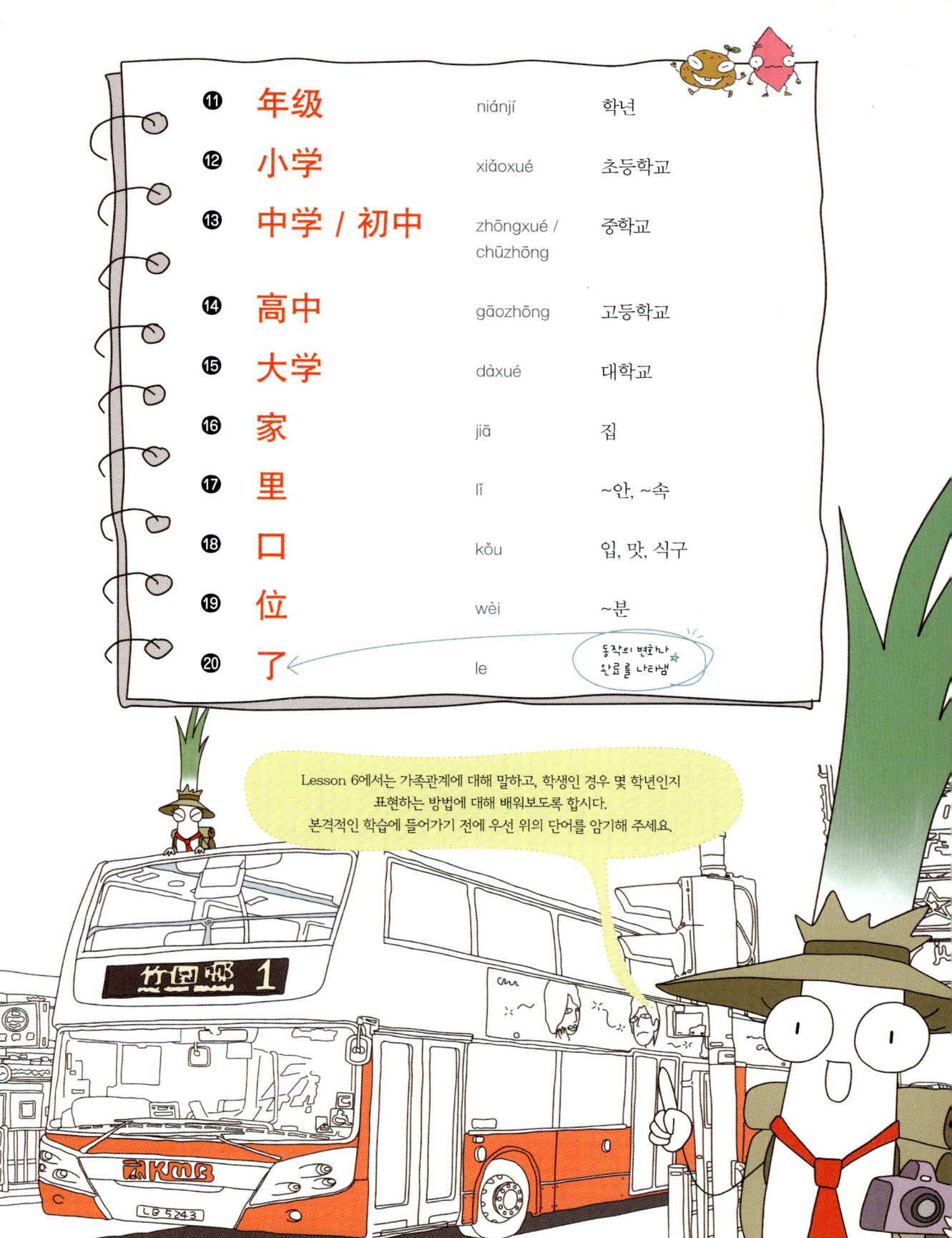

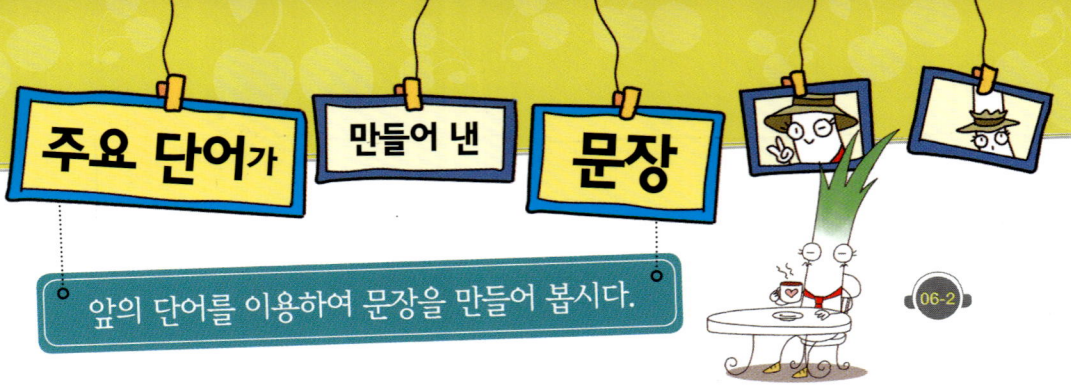

앞의 단어를 이용하여 문장을 만들어 봅시다.

你家有几口人? 집에 식구가 어떻게 되세요?
Nǐ jiā yǒu jǐ kǒu rén?

你 [L1]   家 [16]   有 [L4]   几 [L3]   口 [18]   人 [L4]
너   집   있다   몇   식구   사람

- 문장을 그대로 직역하면, '집에 입이 몇 개가 있느냐?'가 되지만, 이는 '집에 몇 식구가 있느냐?'라는 의미이다.
- '口'는 문어체로 '입'이란 뜻도 있지만, 사람을 세는 단위로도 사용된다.

家里都有什么人? 집에 어떤 사람들이 있습니까?
Jiā li dōu yǒu shénme rén?

家 [16]   里 [17]   都 [L1]   有 [L4]   什么 [L2]   人 [L4]
집   안   모두   있다   무슨   사람

- '都有什么人?'라고 하면, '무슨 사람이 있느냐?' 즉, '관계가 어떻게 되는 사람들로 구성되어 있느냐?'라는 의미로, '都有谁? Dōu yǒu shéi?'와 같은 의미이다. 여기에 '家里'를 넣어 좀 더 구체적으로, '집(안)'에는 어떤 사람들로 구성되어 있는지를 묻는 질문이다.

哪家公司? 어느 회사?
Nǎ jiā gōngsī?

哪 [L4]   家 [16]   公司 [6]
어느   집   회사

- '家'는 '집'이라는 뜻의 〈명사〉지만, '가게나 기업 따위를 세는 양사'로 사용되기도 한다. 이 문장에서는 〈양사〉로 사용되었다.

您几位? 몇 분이세요?
Nín jǐ wèi?

您[L1] 几[L3] 位[19]
당신 몇 분

- 주로 식당, 카페, 술집 등에서 종업원이 손님에게 묻는 말이다.
- 답변으로는 인원을 말해주면 된다. 만약 '3명'이면 '三位 sān wèi' 혹은 '三个人 sān ge rén'이라고 하면 된다.

看医生了吗? 진찰 받았습니까?
Kàn yīshēng le ma?

看[L3] 医生[8] 了[20] 吗[L1]
보다 의사 (완료) ~입니까?

- 직역하면 '의사를 봤니?'라는 뜻이 되는데, 이는 '진찰 받았니?'라는 의미이다.
- '看医生了。Kàn yīshēng le.'라고 하면 '의사를 봤다', 즉, '진찰 받았다'란 뜻이 되는데, 여기서 사용된 '了'는 '어기조사'로 〈완료〉를 나타낸다. 여기에 '吗'를 붙여, 질문의 형식이 된 것이다.

奶奶在家吗? 할머니는 집에 계십니까?
Nǎinai zài jiā ma?

奶奶[2] 在[L5] 家[16] 吗[L1]
할머니 ~에 있다 집 ~입니까?

- '谁在家? Shéi zài jiā?'하면 '누가 집에 있어?'란 뜻이 된다.
- '奶奶' 위치에 다른 〈명사〉를 넣어 연습해 보자.

주요 단어가 만들어 낸 문장

我的书在公司里。 제 책은 회사에 있습니다.
Wǒ de shū zài gōngsī li.

我 [L1]	的 [L4]	书 [L4]	在 [L5]	⁶公司	¹⁷里
나	~의	책	~에 있다	회사	안

• 위의 문장에서 '里'를 빼고 '我的书在公司'라고 해도 '제 책은 회사에 있습니다.'라는 같은 뜻이다. 문장에 '里'를 넣음으로 '회사 속', '회사 안'처럼 의미를 좀 더 구체화한다.

他昨天在北京结婚了。 그는 어제 베이징에서 결혼했습니다.
Tā zuótiān zài Běijīng jiéhūn le.

他 [L1]	昨天 [L3]	在 [L5]	³北京	⁵结婚	²⁰了
그	어제	~에서	베이징	결혼	(완료)

我家有五口人，(有)爷爷、奶奶、爸爸、妈妈和我。
Wǒ jiā yǒu wǔ kǒu rén, (yǒu) yéye, nǎinai, bàba, māma hé wǒ.
저희 집에는 다섯 식구가 있으며, 할아버지, 할머니, 아빠, 엄마 그리고 제가 있습니다.

我 [L1]	¹⁶家	有 [L4]	五	¹⁸口	人 [L4]	(有)	¹爷爷	²奶奶	爸爸 [L1]
나	집	있다	다섯	식구	사람	(있다)	할아버지	할머니	아빠

妈妈 [L1]	和 [L2]	我
엄마	와	나

哪里，哪里。 별말씀을요. / 천만에요.
Nǎli, nǎli.

哪[L4] 里 哪 里
어느 안 어느 안

- '哪里'는 5과에서 배운 '哪儿 nǎr 어디'와 같은 뜻이다. 단, '哪儿'이 '哪里'보다 좀 더 포괄적인 의미를 가진다. 또한, 인사말로 '哪里, 哪里'하여 '별말씀을요', '천만에요'란 뜻이 된다.

爷爷是大夫、奶奶是护士、(我)爱人是中学老师、我是公司职员。
Yéye shì dàifu, nǎinai shì hùshi, (wǒ) àiren shì zhōngxué lǎoshī, wǒ shì gōngsī zhíyuán.
할아버지는 의사(의원)이시고, 할머니는 간호사이시며, 제 아내는 중학교 선생님이고, 저는 회사원입니다.

爷爷 是[L2] 大夫 奶奶 是 护士
할아버지 는 ~이다 의사 할머니 는 ~이다 간호사

(我)[L1] 爱人 是 中学 老师[L1] 我 是 公司 职员
(나) 부인 은 ~이다 중학교 선생님 나 는 ~이다 회사 직원

妹妹是小学六年级、弟弟是高中三年级、我是大学四年级。
Mèimei shì xiǎoxué liù niánjí, dìdi shì gāozhōng sān niánjí, wǒ shì dàxué sì niánjí.
여동생은 초등학교 6학년이고, 남동생은 고등학교 3학년이며, 저는 대학 4학년입니다.

妹妹[L1] 是[L2] 小学 六 年级 弟弟[L1] 是 高中 三 年级
여동생 은 ~이다 초등학교 6 학년 남동생 은 ~이다 고등학교 3 학년

我[L1] 是[L2] 大学 四 年级
나 는 ~이다 대학교 4 학년

- '몇 학년입니까?'라고 질문할 때는 '几年级? Jǐ niánjí?'라고 하면 된다.
  1학년~6학년에 대해 알아보자.

1학년	一年级 [yī niánjí]	2학년	二年级 [èr niánjí]	3학년	三年级 [sān niánjí]
4학년	四年级 [sì niánjí]	5학년	五年级 [wǔ niánjí]	6학년	六年级 [liù niánjí]

실전을 통한 자연스러운 회화연습

1 학년을 물어 볼 때

A : 你几☐☐? 몇 학년이니?
　　Nǐ jǐ niánjí?

B : 我☐☐。 저는 중1입니다.
　　Wǒ chū yī.

A : 你☐☐和姐姐呢? 네 오빠랑 언니는?
　　Nǐ gēge hé jiějie ne?

B : 哥哥☐☐, 姐姐☐☐。 오빠는 대학교 2학년이고, 언니는 고3입니다.
　　Gēge dà èr, jiějie gāo sān.

2 가족을 물어볼 때

A : 你家(里)有 ☐ ☐ ☐ ？ 집에 몇 식구 있나요?
Nǐ jiā (li) yǒu jǐ kǒu rén?

B : 有 ☐ 口人。 다섯 식구 있어요.
Yǒu wǔ kǒu rén.

A : ☐ 有什么人？ 모두 어떤 사람들이 있나요?
Dōu yǒu shénme rén?

B : 有 ☐ ☐ 、爸爸、☐ ☐ 、哥哥和我。
할머니, 아빠, 엄마, 오빠 그리고 제가 있습니다.
Yǒu nǎinai、bàba、māma、gēge hé wǒ.

연습문제를 통한 확인학습

1 병음을 보고 단어를 적어 봅시다.

❶ yéye ➡ ☐☐

❷ nǎinai ➡ ☐☐

❸ yīshēng ➡ ☐☐

❹ Běijīng ➡ ☐☐

2 발음을 듣고, 한자와 병음을 적어 봅시다.   06-4

❶ ☐☐ ➡ _____   ❷ ☐☐ ➡ _____

❸ ☐☐ ➡ _____   ❹ ☐☐ ➡ _____

3 우리말에 맞게 중국어를 적어 봅시다.   06-5

❶ 저의 오빠는 초등학교 선생님입니다.
_____

❷ 저의 누나는 간호사입니다.
_____

❸ 그녀는 결혼하지 않았습니다.
_____

❹ 당신 남편은 회사원입니까?
_____

칼럼을 통해 배우는 차이나는 중국

과일 : 水果 [shuǐguǒ]

사과 苹果 [píngguǒ]	포도 葡萄 [pútáo]	딸기 草莓 [cǎoméi]
바나나 香蕉 [xiāngjiāo]	귤 橘子 [júzi]	오렌지 橙子 [chéngzi]
복숭아 桃子 [táozi]	참외 甜瓜 [tiánguā]	수박 西瓜 [xīguā]
배 梨 [lí]	앵두 樱桃 [yīngtáo]	망고 芒果 [mángguǒ]

★ **수박** : 우리나라 사람들이 호박씨를 먹듯이 중국인들은 호박씨, 해바라기씨, 수박씨 등을 즐겨 먹는다. '수박씨'는 '西瓜子(儿) xīguāzǐ(r)'라고 하는데, 이러한 씨들을 통틀어 말할 때는 '瓜子(儿) guāzǐ(r)'라고 한다. 이야기를 하거나, TV를 보면서 하나씩 까먹다 보면 중독성이 있어 어느새 다 먹어버리게 되는 수박씨는 우리나라의 수박과는 종자가 달라서 크기가 크고, 담백한 맛, 짭짤한 맛 등 여러 가지 맛이 있어 골라먹는 재미가 있다.

★ **배** : '배'라는 글자 '梨 lí'는 '이별'을 의미하는 '离 lí'와 발음이 같기 때문에 중국에서는 배를 선물하지 않는다. 그리고 배를 쪼개먹지도 않는데, 그 이유는 '나누다'의 '分 fēn'과 '이별'의 '离 lí' 즉, '分离 fēnlí 헤어지다'와 '分梨 fēnlí '배를 나누다'가 발음이 같기 때문이다.

Lesson 7

现在几点？ Xiànzài jǐ diǎn? 지금은 몇 시입니까?

1. 现在 xiànzài 현재, 지금
2. 上班 shàngbān 출근하다
3. 下班 xiàbān 퇴근하다
4. 起床 qǐchuáng 기상하다, 일어나다
5. 睡觉 shuìjiào 잠을 자다
6. 早上 zǎoshang 아침
7. 上午 shàngwǔ 오전
8. 中午 zhōngwǔ 정오
9. 下午 xiàwǔ 오후
10. 晚上 wǎnshang 저녁, 밤

⑪	点	diǎn	① 시 ② 점 ③ 주문하다
⑫	半	bàn	30분, 반
⑬	分	fēn	분, 나누다
⑭	刻	kè	15분
⑮	差	chà	부족하다, 모자라다
⑯	早饭	zǎofàn	아침밥
⑰	午饭	wǔfàn	점심밥
⑱	晚饭	wǎnfàn	저녁밥
⑲	吃	chī	먹다
⑳	回	huí	돌다, 회전하다

Lesson 7에서는 시간표현을 배워보고, 시간을 응용해 말하는 방법을 배워보도록 합시다.
본격적인 학습에 들어가기 전에 우선 위의 단어를 암기해 주세요.

주요 단어가 만들어 낸 문장

앞의 단어를 이용하여 문장을 만들어 봅시다.

现在几点? 지금 몇 시입니까?
Xiànzài jǐ diǎn?

现在 / 几 [L3] / 点
현재 / 몇 / 시

1시	yī diǎn	2시	liǎng diǎn	3시	sān diǎn	4시	sì diǎn
5시	wǔ diǎn	6시	liù diǎn	7시	qī diǎn	8시	bā diǎn
9시	jiǔ diǎn	10시	shí diǎn	11시	shíyī diǎn	12시	shí'èr diǎn

※ 여기서 주의해야 할 것은 2시를 'liǎng diǎn'이라고 해야지 'èr diǎn'이라고 하면 안 된다는 것이다.
两 liǎng → 단어장 p.17 6번 참조

你晚上几点睡觉? 당신은 밤에 몇 시에 잡니까?
Nǐ wǎnshang jǐ diǎn shuìjiào?

你 [L1] / 晚上 / 几 [L3] / 点 / 睡觉
너 / 저녁 / 몇 / 시 / 잠을 자다

几点吃午饭? 몇 시에 점심 먹나요?
Jǐ diǎn chī wǔfàn?

几 [L3] / 点 / 吃 / 午饭
몇 / 시 / 먹다 / 점심

• '午饭' 자리에 '早饭 zǎofàn 아침밥' 또는, '晚饭 wǎnfàn 저녁밥'을 넣어 응용할 수 있다.

예) 几点吃早饭? Jǐ diǎn chī wǎnfàn? 몇 시에 아침 먹나요?
几点吃晚饭? Jǐ diǎn chī wǔfàn? 몇 시에 저녁 먹나요?

你明天几点下班? 당신은 내일 몇 시에 퇴근합니까?
Nǐ míngtiān jǐ diǎn xiàbān?

你 [L1] 明天 [L3] 几 [L3] 点 [11] 下班 [3]
너   내일   몇   시   퇴근하다

我们回家吧。 우리 집에 갑시다.
Wǒmen huíjiā ba.

我们 [L1] 回家 [20][L6] 吧 [L2]
우리들   집으로 돌아가다   ~자

- '우리 집에 갑시다'는 한국어로 두 가지 의미로 해석할 수 있다. 첫 번째는 '우리 이제 귀가합시다'라는 의미로서, 각자 자기의 집으로 '돌아간다'는 뜻으로, 중국어로 말할 때는 '去 가다'가 아니라, '回 돌아가다'를 써서 '回家'라고 한다. 두 번째는 '우리집으로 가자'라는 의미로서, 이 경우는 '去 가다'를 써서, '去我们家吧。Qù wǒmen jiā ba. 우리집에 가자.'라고 한다.

上午见吧。 오전에 봅시다.
Shàngwǔ jiàn ba.

上午 [7] 见 [L2] 吧 [L2]
오전   보다   ~하자

- 2과 단어 '再见'의 '见'은 〈볼 견〉자로 '만나다, 보다'로 해석되며, 영어의 'see'이다.
- '上午' 자리에 '中午 zhōngwǔ 정오' 또는 '下午 xiàwǔ 오후'를 넣어 응용할 수 있다.
  예) 中午见吧。Zhōngwǔ jiàn ba. 점심 때 봅시다.
  下午见吧。Xiàwǔ jiàn ba. 오후에 봅시다.

주요 단어가 만들어 낸 문장

吃吧。 드세요. / 먹죠. / 먹어라. / 먹자.
Chī ba.

¹⁹ 吃   吧 [L2]
먹다 ~하자, ~해라

- 음식을 권하거나 함께 먹자고 할 때 사용하는 표현이다.
- 중첩해서 '吃吧, 吃吧'라고 하면 '드세요, 드세요', '먹어, 먹어', '먹자, 먹자'란 의미로 좀 더 강한 권유가 된다.

现在差五分九点。 지금은 9시 5분 전입니다.
Xiànzài chà wǔ fēn jiǔ diǎn.

¹ 现在 ¹⁵ 差 ¹³ 五 分 九 ¹¹ 点
현재   ~전   5   분   9   시

- '差'란 단어는 '부족하다, 모자라다'란 뜻으로, 위의 문장을 직역하면 '지금은 5분 부족한 9시다'란 뜻이 된다. 즉, '9시 5분 전'으로 해석하면 된다.
- 분 표현을 알아보자.

1분	yì fēn	2분	liǎng fēn	3분	sān fēn	4분	sì fēn	5분	wǔ fēn
6분	liù fēn	7분	qī fēn	8분	bā fēn	9분	jiǔ fēn	10분	shí fēn
20분	èrshí fēn	30분	sānshí fēn	40분	sìshí fēn	50분	wǔshí fēn	60분	liùshí fēn

※ 여기서 주의해야 할 것은 2분을 'liǎng fēn'이라고 해야지 'èr fēn'이라고 하면 안 된다는 것이다.

两 liǎng → 단어장 p.17 6번 참조

我早上六点半起床。 저는 아침 6시 반에 일어납니다.
Wǒ zǎoshang liù diǎn bàn qǐchuáng.

我 [L1] ⁶ 早上 六 ¹¹ 点 ¹² 半 ⁴ 起床
나   아침   6   시   반   기상하다, 일어나다

- 질문할 때는 '几点起床? Jǐ diǎn qǐchuáng? 몇 시에 일어납니까?'하면 된다.

七点一刻吃早饭。 7시 15분에 아침 먹어요.
Qī diǎn yí kè chī zǎofàn.

七 [11] 点 [14] 一刻 [19] 吃 [16] 早饭
7   시   15분   먹다   아침밥

- '一刻'는 '十五分 shíwǔ fēn'과 같은 뜻이므로, 위의 문장을 '七点十五分吃早饭。Qī diǎn shíwǔ fēn chī zǎofàn.'해도 같은 뜻이 된다.

他昨天没(有)上班也没(有)回家。
Tā zuótiān méi(yǒu) shàngbān yě méi(yǒu) huíjiā.
그는 어제 출근하지 않고 집에도 가지 않았습니다.

他 [L1] 昨天 [L3] 没(有) [L4] [2] 上班 也 [L1] 没(有) [20] 回家 [L6]
그   어제   ~않다   출근하다 ~도   ~않다   집으로 돌아가다

差一个人。 한 명(사람)이 부족합니다.
Chà yí ge rén.

[15] 差   一个 [L4]   人 [L4]
부족하다 한 개   사람

- 여기에 8과에서 배울 '还 hái'를 넣어, '还差一个人。'라고 하면, '아직 한 명이 (더) 부족하다.'란 뜻이 된다.

실전을 통한 자연스러운 회화연습

1 어제 무엇을 했는지 물어 볼 때

A : 你去哪儿了? 어디 갔었어요?
Nǐ qù nǎr le?

B : 我 ☐☐☐ 和弟弟去看 ☐☐ 了。
퇴근 후 남동생과 같이 영화 보러 갔었어요.
Wǒ xià le bān hé dìdi qù kàn diànyǐng le.

2 지금 어디서 무엇을 하는지 물어 볼 때

A : 你现在 ☐☐☐ ? 지금 어디에 계세요?
Nǐ xiànzài zài nǎr?

B : 我现在 ☐☐☐☐ 。 저 지금 집에서 밥 먹고 있어요.
Wǒ xiànzài zài jiā chīfàn.

3　시간을 물어볼 때

A : ☐☐ 几点?　지금 몇 시입니까?
　　Xiànzài jǐ diǎn?

B : ☐☐☐ 六点。　6시 15분 전입니다.
　　Chà yí kè liù diǎn.

A : 我们几点吃 ☐☐?　우리는 몇 시에 저녁 먹나요?
　　Wǒmen jǐ diǎn chī wǎnfàn?

B : 六点 ☐。　6시 반이요.
　　Liù diǎn bàn.

연습문제를 통한 확인학습

1 빈칸을 채워보자.

❶ shuìjiào ➡ ☐ ☐　　　❷ wǎnfàn ➡ ☐ ☐

❸ chī ➡ ☐　　　❹ chà ➡ ☐

2 발음을 듣고, 한자와 병음을 적어 봅시다.

❶ ☐ ☐ ➡ _____　　❷ ☐ ☐ ➡ _____

❸ ☐ ➡ _____　　❹ ☐ ➡ _____

3 우리말에 맞게 중국어를 적어 봅시다.

❶ 저는 아침 8시 반에 출근합니다.

_____

❷ 그는 어제 집에 가지 않았습니다.

_____

❸ 지금은 7시 5분 전입니다.

_____

❹ 당신은 밤 몇 시에 잡니까?

_____

Lesson 8

您多大年纪? 연세가 어떻게 되세요?
Nín duōdà niánjì?

❶	大	dà	크다
❷	小	xiǎo	작다
❸	岁	suì	세, 살 (나이를 세는 단위)
❹	多大	duōdà	① (나이를 물어볼 때) 몇 살인가? ② 얼마나 큰, 참으로 큰
❺	年纪	niánjì	나이, 연령
❻	孩子	háizi	아이, 어린이, 자식
❼	女儿	nǚ'ér	딸
❽	儿子	érzi	아들
❾	女孩儿	nǚháir	여자아이
❿	男孩儿	nánháir	남자아이

⑪	比	bǐ	~보다, ~에 비해
⑫	俩	liǎ	둘
⑬	上	shàng	위, 오르다, 가다
⑭	还 / 还是	hái / háishi	① 아직도, 여전히 ② 또, 더 ③ 더, 더욱 ④ 또는, 아니면
⑮	时候	shíhou	때, 시각, 무렵
⑯	一样	yíyàng	같다, 동일하다
⑰	小时	xiǎoshí	시간 (단위)
⑱	中国	Zhōngguó	중국
⑲	韩国	Hánguó	한국
⑳	美国	Měiguó	미국

비교표현

Lesson 8에서는 나이를 묻는 표현을 중심으로, 상대방의 자녀에 대해 묻고 답하는 표현을 배워보도록 합시다.
본격적인 학습에 들어가기 전에 우선 위의 단어를 암기해 주세요.

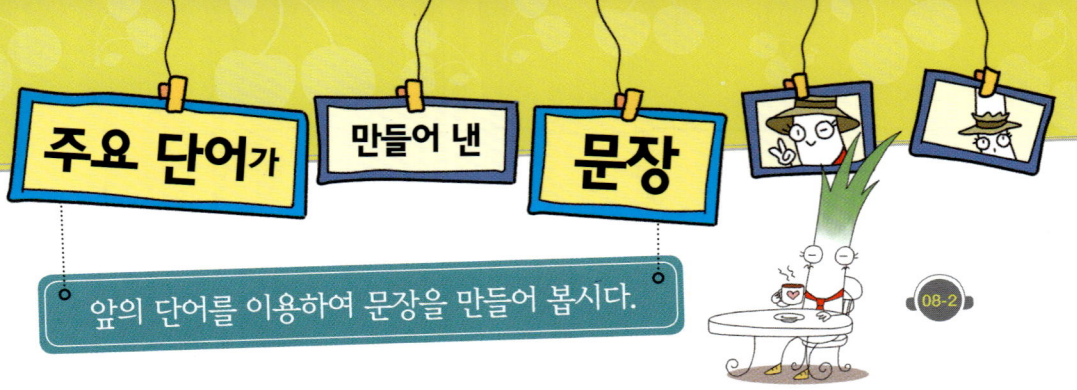

주요 단어가 만들어 낸 문장

앞의 단어를 이용하여 문장을 만들어 봅시다.

您多大年纪? 연세가 어떻게 되세요?
Nín duōdà niánjì?

您 [L1] ④ 多大 ⑤ 年纪
당신　얼마인가　연세

- '多大'는 나이를 물어 볼 때 사용하는 표현이다. '你多大? Nǐ duōdà?'라고 하면 동년배나 나보다 어린 사람의 나이를 물어볼 때 사용하는 표현이고, '您多大年纪?'는 나보다 나이가 많은 윗사람의 연세를 물어볼 때 사용하는 표현이 된다.
- '多'는 '많다'의 뜻도 있지만, '얼마나'란 뜻으로 사용하기도 한다. 따라서 '多大'하면 '얼마나 크냐' 즉, '나이가 얼마나 되느냐'를 의미한다.
    - 예) 多大的手机? Duōdà de shǒujī? 얼마나 큰 휴대전화입니까?
    - 多大的学校? Duōdà de xuéxiào? 얼마나 큰 학교입니까?

你有几个孩子? 자녀가 몇이세요?
Nǐ yǒu jǐ ge háizi?

你 [L1] 有 [L4] 几 [L3] 个 [L4] ⑥ 孩子
너　있다　몇　개　아이

她比你小吗? 그녀가 당신보다 나이가 어립니까?
Tā bǐ nǐ xiǎo ma?

她 [L1] ⑪ 比 你 [L1] ② 小 吗 [L1]
그녀　~에 비해　너　어리다　~입니까?

- '小'는 '작다'라는 의미 외에 '나이가 어리다'라는 의미로도 사용된다.

他们都几岁了? 그들은 모두 몇 살이 됐습니까?
Tāmen dōu jǐ suì le?

他们 [L1] 都 [L1] 几 [L3] ³ 岁 了 [L6]
그들 모두 몇   살 (완료)

- '几岁?'라고 하면 '몇 살?'이라는 뜻이고, 여기에 '了'가 붙어 '几岁了?'가 되면, 완료의 뜻이 되어 '몇 살 되었냐?'가 된다.

什么时候回来? 언제 돌아옵니까?
Shénme shíhou huí lái?

什么 [L2] ¹⁵ 时候 回 [L7] 来 [L3]
언제   ~때 돌다 오다

- '什么时候?'란 '언제?'란 뜻으로, 많이 사용되므로 기억해두자.
  예 什么时候来? Shénme shíhou lái? 언제 옵니까?
  什么时候去? Shénme shíhou qù? 언제 갑니까?

中国人几岁上学? 중국사람은 몇 살에 학교 갑니까(입학합니까)?
Zhōngguórén jǐ suì shàng xué?

¹⁸ 中国 人 [L4] 几 [L3] ³ 岁 ¹³ 上学 [L2]
중국   사람 몇   살   입학하다

- '上'은 매우 많이 사용되는 단어다. '上'에 '学 xué 배우다'가 붙으며, '입학하다, 등교하다'라는 의미가 된다. 이는 '上学校 shàng xuéxiào'의 줄임말이다.

주요 단어가 만들어 낸 문장

你的大儿子在韩国吗? 당신 큰 아들은 한국에 있습니까?
Nǐ de dà érzi zài Hánguó ma?

你[L1] 的[L4] 大[8] 儿子 在[L5] 韩国 吗[L1]
너   의   크다 아들 ~에 있다 한국 ~입니까?

- '大'에 '儿子'이 붙으면 '큰 아들'이 된다. 참고로 '큰딸'은 '大女儿 dà nǚ'ér'이 된다.

你学几个小时? 너 몇 시간 배우니?
Nǐ xué jǐ ge xiǎoshí?

你[L1] 学[L2] 几[L3] 个[L4] 小时[17]
너   배우다 몇   개   시간

- '小时'는 시간을 말한다.
  - 예) 一个小时 yí ge xiǎoshí 한 시간
       两个小时 liǎng ge xiǎoshí 두 시간
       一个半小时 yí ge bàn xiǎoshí 한 시간 반
  - 주의: '두 시간'을 '二个小时'라고 쓰더라도, 읽을 때는 반드시 '两个小时 liǎng ge xiǎoshí'라고 읽어야 한다.

我女儿有时候在中国，有时候在韩国。
Wǒ nǚ'ér yǒushíhou zài Zhōngguó, yǒushíhou zài Hánguó.
제 딸은 어떤 때는 중국에 있고, 어떤 때는 한국에 있습니다.

我[L1] 女儿[7] 有[L4] 时候[15] 在[L5] 中国[18] 有 时候[15] 在 韩国[19]
나   딸   있다   ~때   ~에 있다 중국   있다 ~때   ~에 한국

- '有时候'는 '간혹, 이따금, 가끔씩, 종종'이란 뜻이다.

还不知道是女孩儿还是男孩儿。 여자 아이인지 남자 아이인지 아직 몰라요.
Hái bù zhīdào shì nǚháir háishi nánhái.

¹⁴ 还　不 _{L2}　知道 _{L4}　是 _{L2}　⁹ 女孩儿　¹⁴ 还是　¹⁰ 男孩儿
아직　(부정)　알다　~은~이다　여자아이　또는　남자아이

- 还와 还是의 자세한 설명은 단어장 p.35 14번을 참조하자.

他们俩一样大。 그들(둘)은 동갑입니다. (나이가 같습니다.)
Tāmen liǎ yíyàng dà.

他们 _{L1}　¹² 俩　¹⁶ 一样　¹ 大
그들　둘　같다　크다, (나이가) 많다

- '他们一样大' 하면 두 명일 수도 있고, 여러 명일 수도 있다. 두 명일 경우에는 '他们' 뒤에 '俩'를 넣어주면 된다.

他们俩差一岁。 그들(둘)은 1살 차이입니다.
Tāmen liǎ chà yí suì.

他们 _{L1}　¹² 俩　差 _{L7}　一　³ 岁
그들　둘　부족하다　한　살

실전을 통한 자연스러운 회화연습

1 나이를 묻고 답할 때

A: 你 ☐ 岁? 너 몇 살이니?
  Nǐ jǐ suì?

B: 我今年五 ☐ 。 저는 올해 5살입니다.
  Wǒ jīnnián suì.

2 자녀에 관해 묻고 답할 때

A: 你有几个 ☐☐ ? 당신은 아이가 몇 명 있습니까?
  Nǐ yǒu jǐ ge háizi?

B: 我有两个孩子。 저는 둘 있습니다.
  Wǒ yǒu liǎng ge háizi.

A: 都是 ☐☐☐ 吗? 모두 남자아이인가요?
  Dōu shì nánháir ma?

B: ☐☐ 男孩儿, ☐☐ 女孩儿。
  남자아이 하나, 여자아이 하나 있습니다.
  Yí ge nánháir, yí ge nǚháir.

3 자녀들의 교육시간에 관해 묻고 답할 때

A : 你女儿学英语学☐☐☐☐？
당신의 딸은 영어를 배우는데 몇 시간 배웁니까?
Nǐ nǚ'ér xué yīngyǔ xué jǐ ge xiǎoshí?

B : 学☐☐☐☐☐。 한 시간 반 배웁니다.
Xué yí ge bàn xiǎoshí.

A : 你☐☐呢？ 당신 딸은요?
Nǐ nǚ'ér ne?

B : 她不学☐☐，学汉语。
그 아이는 영어를 배우지 않고, 중국어를 배웁니다.
Tā bù xué Yīngyǔ, xué Hànyǔ.

연습문제를 통한 확인학습

1 병음을 보고 단어를 적어 봅시다.

① nánhái → ☐ ☐ ☐   ② Hánguó → ☐ ☐

③ niánjì → ☐ ☐   ④ suì → ☐

2 발음을 듣고, 한자와 병음을 적어 봅시다.

① ☐ ☐ → _____   ② ☐ ☐ → _____

③ ☐ → _____   ④ ☐ → _____

3 우리말에 맞게 중국어를 적어 봅시다.

① 당신 딸은 언제 미국에 갑니까?
_____

② 제 딸과 당신 아들의 나이가 같습니다.
_____

③ 저 남자 아이는 몇 살입니까?
_____

④ 그녀는 저보다 어립니다.
_____

칼럼을 통해 배우는 차이나는 중국

교통수단

비행기
飞机 [fēijī]

배
船 [chuán]

택시
出租(汽)车 [chūzū(qì)chē]
计程车 [jìchéngchē]
的士 [díshì]

버스
公共汽车 [gōnggòngqìchē]
巴士 [bāshì]

트럭
卡车 [kǎchē]

미니 버스
面包车 [miànbāochē]

기차
火车 [huǒchē]

전철
地铁 [dìtiě]

오토바이
摩托车 [mótuōchē]

자전거
自行车 [zìxíngchē]

★ 公共汽车 / 巴士 : '巴士'는 음역한 외래어이다. 중국에서는 '公共汽车'를 더 많이 사용한다.

★ 出租汽车 / 计程车 / 的士 : 중국에서 주로 사용한다. '计程车'는 대만에서 주로 사용하고, '的士(음역어)'는 홍콩, 싱가포르에서 주로 사용한다.

★ 自行车 : 중국에 가면 가장 많이 볼 수 있는 것이 바로 자전거이며, 자전거가 건너갈 수 있는 신호등도 있다.

★ 摩托车 : 대만에 가면 가장 많이 볼 수 있으며, 한국과 달리 차들이 오토바이를 양보해준다.

★ 面包车 : '面包 miànbāo'는 '빵'이란 뜻이다.

Lesson 9

一共多少钱? 전부 얼마예요?
Yígòng duōshao qián?

❶	一共	yígòng	모두, 전부, 합계
❷	便宜	piányi	싸다, (가격이)저렴하다
❸	公斤	gōngjīn	킬로그램(kg)
❹	多少	duōshao	얼마, 몇
❺	苹果	píngguǒ	사과
❻	找	zhǎo	찾다, 거슬러 주다
❼	钱	qián	돈
❽	给	gěi	(~에게, ~한테)주다
❾	一点儿	yìdiǎnr	조금, 약간
❿	有点儿	yǒudiǎnr	조금 있다, 조금, 약간

⑪	元	yuán	원(화폐단위)
⑫	角	jiǎo	화폐단위(1元=10角)
⑬	分	fēn	화폐단위(1角=10分)
⑭	块	kuài	화폐단위 *块(회화체)=元(문어체)
⑮	毛	máo	화폐단위 *毛(회화체)=角(문어체)
⑯	要	yào	원하다, 필요하다, ~하려고 하다, 요구하다
⑰	需要	xūyào	필요하다
⑱	零钱	língqián	잔돈
⑲	怎么	zěnme	왜, 어떻게
⑳	谢谢	xièxie	고맙습니다, 감사합니다

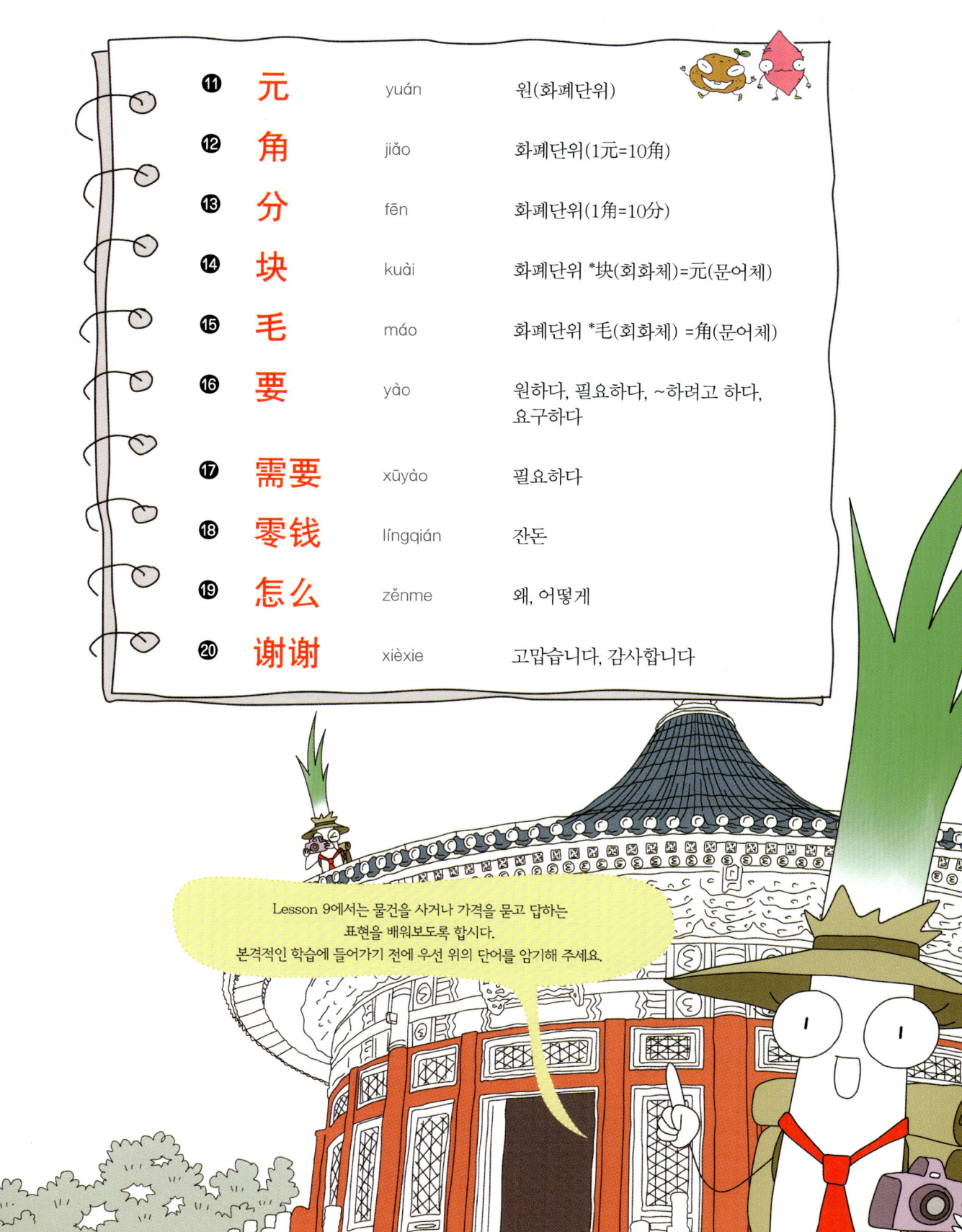

Lesson 9에서는 물건을 사거나 가격을 묻고 답하는 표현을 배워보도록 합시다.
본격적인 학습에 들어가기 전에 우선 위의 단어를 암기해 주세요.

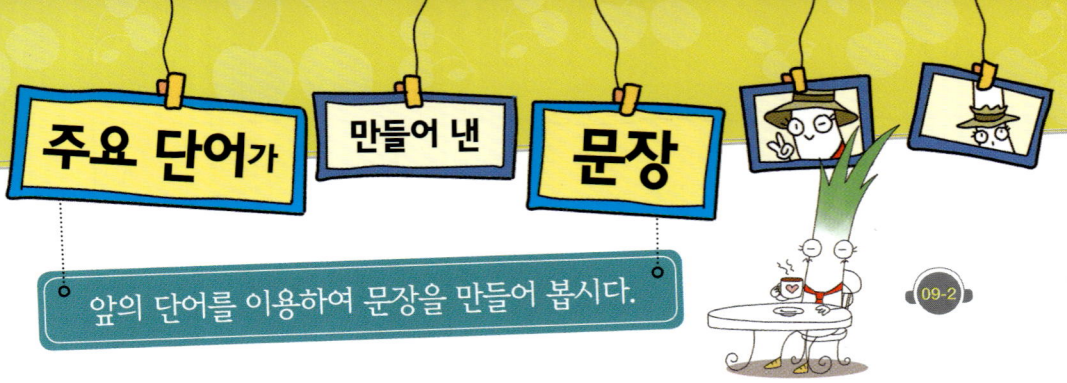

앞의 단어를 이용하여 문장을 만들어 봅시다.

一共多少钱? 전부 얼마예요?
Yígòng duōshao qián?

¹一共 ⁴多少 ⁷钱
전부   얼마   돈

- 1과에서 배운 '都 dōu'는 'all(모두)'의 개념이고, '一共 yígòng'은 'total(합계)'의 개념이다.
- 그냥 물건을 가리키며 '얼마예요?'라고 물을 때는 '多少钱? Duōshao qián?'라고 하면 된다. 그런데 여러 가지를 산 후, 전부 얼마인지 물어 볼 때는 위와 같이 말한다.

苹果多少钱一斤? 사과 1kg에 얼마입니까?
Píngguǒ duōshao qián yì jīn?

⁵苹果 ⁴多少 ⁷钱 ³一斤
사과   얼마   돈   1 kg

- '公斤'이라고 해도 되고, 회화에서는 '公斤'의 '公'을 생략해서 '斤'이라고 말해도 된다.
- 어순을 바꿔, '一斤苹果多少钱? Yì jīn píngguǒ duōshao qián?', '苹果一斤多少钱? Píngguǒ yì jīn duōshao qián?'으로 해도 모두 같은 뜻이 된다.

您要几斤? 몇 kg 필요하세요? (몇 kg 드려요?)
Nín yào jǐ jīn?

您 [L1] ¹⁶要 几 [L3] ³斤
당신   필요하다 몇   kg

- 보통 고객을 상대로 하는 말이므로, '你 nǐ 너, 당신'의 존칭인 '您 nín'을 사용한다.

104 ★ Lesson 9

- 한국어에서도 '몇 킬로그램?'을 '몇 키로?'라고 하듯이 '几公斤?'이라고 해도 되지만, 대부분 '几斤?'이라고 한다.

这苹果怎么卖? 이 사과 어떻게 팔아요?
Zhè píngguǒ zěnme mài?

这 [L4]　苹果 [5]　怎么 [19]　卖 [L5]
이　　사과　　어떻게　　팔다

你找什么? 당신은 무엇을 찾습니까?
Nǐ zhǎo shénme?

你 [L1]　找 [6]　什么 [L2]
너　　찾다　　무엇

- '什么 shénme 무엇' 대신에 '谁 shéi 누구'를 넣어 '你找谁? Nǐ zhǎo shéi?'라고 하면 '너 누구 찾니?', '당신은 누구를 찾습니까?'가 된다.

你要买点儿什么? 무엇을 사시려고요? (뭘 좀 사시려고요?)
Nǐ yào mǎi diǎnr shénme?

你 [L1]　要 [16]　买 [L5]　点儿 [9]　什么 [L2]
너　　~하려고 하다　사다　　조금　　무엇

- '당신은 뭘 좀 사려고 합니까?' 즉, '무엇을 사시려고요?'라는 뜻이 된다.
- '一点儿'의 '一'를 넣어도 상관없으나, 주로 생략해 사용한다.

105

주요 단어가 만들어 낸 문장

你需要零钱吗? 당신은 잔돈이 필요합니까?
Nǐ xūyào língqián ma?

你[L1]　需要[17]　零钱[18]　吗[L1]
너　　필요하다　잔돈　　~입니까?

你要给谁? 누구 줄 건데요?, 누구 주시려고요?
Nǐ yào gěi shéi?

你[L1]　要[16]　给[8]　谁[L2]
너　　~하려고 하다　주다　누구

- 你给谁? Nǐ gěi shéi? 누구 줍니까?
- 你要给谁? Nǐ yào gěi shéi? 누굴 주길 원합니까?
  그런데 '你要谁? Nǐ yào shéi?'하면 '누굴 원합니까?' '누구를 가질래?'라고 해석할 수도 있으므로, 사용에 주의하여야 한다.

三块钱一斤。 1kg에 3원입니다.
Sān kuài qián yì jīn.

三[14]　块[7]　钱　一[3]　斤
3　　　원　　돈　1　　kg

- 여기서 '钱'은 생략 가능하나 딱 떨어지는 숫자에는 습관적으로 붙여 사용하여, '단돈 3원이다'라는 느낌을 준다.
- 순서를 바꿔 '一斤三块钱。Yì jīn sān kuài qián.'라고 해도 같은 뜻이나 주로 '三块钱一斤'으로 많이 쓰인다.

找您钱。 돈 거슬러 드릴게요.
Zhǎo nín qián.

找 찾다　**您**[L1] 당신　**钱** 돈

- '找钱'은 '거슬러 주다'라는 뜻이다.

好吧，二百五。 그래요, 250원에 드리죠.
Hǎo ba, liǎng bǎi wǔ.

好[L1] 좋다　**吧**[L2] ~죠　**二百五** 250원

- 직역하면, '그래요, 250원으로', '250원에 하겠다.' 즉, '그래요, 250원에 드리죠.'란 뜻이 된다.
  Tip. ① 250원의 '2'는 '二 èr'이라고 적혀 있어도 'liǎng'으로 읽어야 한다는 것을 기억해두자. 왜냐하면 '二百五 èr bǎi wǔ'로 발음하면 '멍청이, 좀 모자란'이 되기 때문이다.
  ② '两百五十 liǎng bǎi wǔ shí'라고 읽어도 되지만, 습관적으로 뒤의 십을 빼서 읽는다. 한국어로 '이백오'는 '205'지만, 중국어에서 '205'는 '两百零五 liǎng bǎi líng wǔ'로 '0'을 뜻하는 '零 líng'을 넣어 읽는다.

太贵了，便宜(一)点儿吧。 너무 비싸요, 좀 싸게 해주세요.
Tài guì le, piányi (yì) diǎnr ba.

太[L2] 매우　**贵**[L2] 비싸다　**了**[L6] (종료)　**便宜** 싸다　**(一)点儿** 조금　**吧**[L2] ~라

- '了'는 '太'와는 호응하여 쓰이지만, '很'과는 호응하여 쓰이지 않으므로, '很贵了'라고는 말하지 않는다.

실전을 통한 자연스러운 회화연습

1 사과를 살 때 I

A : 您要买点儿什么? 뭘 좀 사시려고요?
　　Nín yào mǎi diǎnr shénme?

B : 这苹果□□□? 이 사과 어떻게 팔아요?
　　Zhè píngguǒ zěnme mài?

A : 两块钱一斤。 1kg에 2원입니다.
　　Liǎng kuài qián yì jīn.

B : 我要□□。 4kg 주세요.
　　Wǒ yào sì jīn.

2 사과를 살 때 II

A : 你在找□□? 무엇을 찾고 계세요?
　　Nǐ zài zhǎo shénme?

B : 我在找□□。这儿有吗? 사과를 찾고 있는데 여기 있나요?
　　Wǒ zài zhǎo píngguǒ. Zhèr yǒu ma?

A : □, 在那儿呢。 있습니다. 저기 있네요.
　　Yǒu, zài nàr ne.

　　你要多少? 얼마나 필요하세요?
　　Nǐ yào duōshao?

B : 给我□□吧。 2kg 주세요.
　　Gěi wǒ liǎng jīn ba.

3 사과를 살 때 III

A : 给你便宜点儿。 싸게 해 드릴게요.
Gěi nǐ piányi diǎnr.

B : 这苹果，我要五☐。 이 사과 5kg 주세요.
Zhè píngguǒ, wǒ yào wǔ jīn.

A : 你☐需要什么? 또 뭐가 필요하세요?
Nǐ hái xūyào shénme?

B : 没有了。 됐어요.
Méiyǒu le.

4 잔돈이 있는 사람과 필요한 사람

A : 你需要☐☐吗? 잔돈 필요하세요?
Nǐ xūyào língqián ma?

B : 你有多少? 얼마나 있으세요?
Nǐ yǒu duōshao?

A : 我☐☐有九毛七。 총 九毛七 있습니다.
Wǒ yígòng yǒu jiǔ máo qī.

B : ☐给我吧。 다 주세요.
Dōu gěi wǒ ba.

연습문제를 통한 확인학습

1 병음을 보고 단어를 적어 봅시다.

① língqián ➜ ☐ ☐   ② piányi ➜ ☐ ☐

③ xièxie ➜ ☐ ☐   ④ yào ➜ ☐

2 발음을 듣고, 한자와 병음을 적어 봅시다.

① ☐ ☐ ➜ _____   ② ☐ ☐ ➜ _____

③ ☐ ➜ _____   ④ ☐ ➜ _____

3 우리말에 맞게 중국어를 적어 봅시다.

① 사과 어떻게 팔아요?

_____

② 저는 잔돈이 없습니다.

_____

③ 누구 찾으세요?

_____

④ 누구 주는 게 좋을까요?

_____

칼럼을 통해 배우는 차이나는 중국

★ 二百五[èrbǎiwǔ] = 멍청하다(三八[sān bā], 不够[bú gòu]와 같은 뜻이다.)

전국시대 苏秦[Sūqín]이란 사람이 있었는데, 그는 한(韩), 위(魏), 조(赵), 제(齐), 연(燕), 초(楚) 여섯 나라를 연합하여 공동의 적(敌)인 진(秦)나라에 맞서자고 설득했다. 그리하여 苏秦이 승상으로 봉해져 대국(大国) 왕의 총애를 받으며 제(齐)나라에서 충성을 다하고 있던 어느 날 자객에 의해 살해됐다. 이 소식을 듣고 몹시 화가 난 제 나라 왕이 범인을 잡으라 명을 내렸다. 그런데 어디서 잡는가? 생각 끝에 범인을 유인해 내는 방법을 생각해냈다. 「苏秦은 대역죄인이므로 죽어 마땅하다. 왕이 계속 제거하고 싶었던 苏秦을 죽여준 자에게는 포상금 일천 냥을 줄 터이니, 어서 와서 받아가거라.」라고 공고를 내렸더니, 공고가 남과 동시에 네 명이 나타나 모두 자신이 苏秦을 죽였다고 했다. 그래서 왕은 아주 그럴듯하게 「일천 냥을 네 명이 어떻게 나눌 것인가?」하고 물었다. 이들은 계략에 빠진 것도 모르고 기뻐하며 대답하기를 「그야 쉽죠, '1000÷4 = 250'이니 이백오십(二百五[èrbǎiwǔ])씩 가지면 되겠네요.」라고 답했다. 왕은 상금을 받아갈 생각에 웃고 있는 그들을 보고 크게 노하여 탁자를 치며 「이 네 명의 二百五[èrbǎiwǔ]를 당장 끌고 가 목을 베어라.」라고 명했다. 그래서 그들은 모두 희생자가 되었고, 진 나라에서 보낸 자객은 진 나라로 도망갔다고 한다. 그 후 二百五[èrbǎiwǔ]를 '멍청이, 모자란'이란 뜻으로 사용하게 되었다.

我们喝果汁或者喝茶吧。
Wǒmen hē guǒzhī huòzhě hē chá ba.
우리 주스를 마시든지 아니면 차를 마시자.

1. 饮料 — yǐnliào — 음료
2. 果汁 — guǒzhī — 생과일 주스
3. 牛奶 — niúnǎi — 우유
4. 啤酒 — píjiǔ — 맥주
5. 干杯 — gānbēi — 건배
6. 茶 — chá — 차
7. 随意 — suíyì — 뜻대로 하다, 생각(마음)대로 하다
8. 咖啡 — kāfēi — 커피
9. 咖啡伴侣 — kāfēibànlǚ — 프림
10. 可口可乐 — kěkǒukělè — 코카콜라

⓫	水	shuǐ	물
⓬	喝	hē	마시다
⓭	冰	bīng	얼음
⓮	加	jiā	더하다, 넣다, 첨가하다
⓯	糖	táng	설탕, 사탕
⓰	想	xiǎng	생각하다, ~하고 싶다
⓱	杯	bēi	컵, 잔
⓲	瓶	píng	병
⓳	得	de / dé / děi	(정도보어) / 얻다 / ~해야 한다
⓴	或者	huòzhě	혹은, 또는

Lesson 10에서는 음료를 마실 때 필요한 표현을 중심으로 배워보도록 합시다.
본격적인 학습에 들어가기 전에 우선 위의 단어를 암기해 주세요.

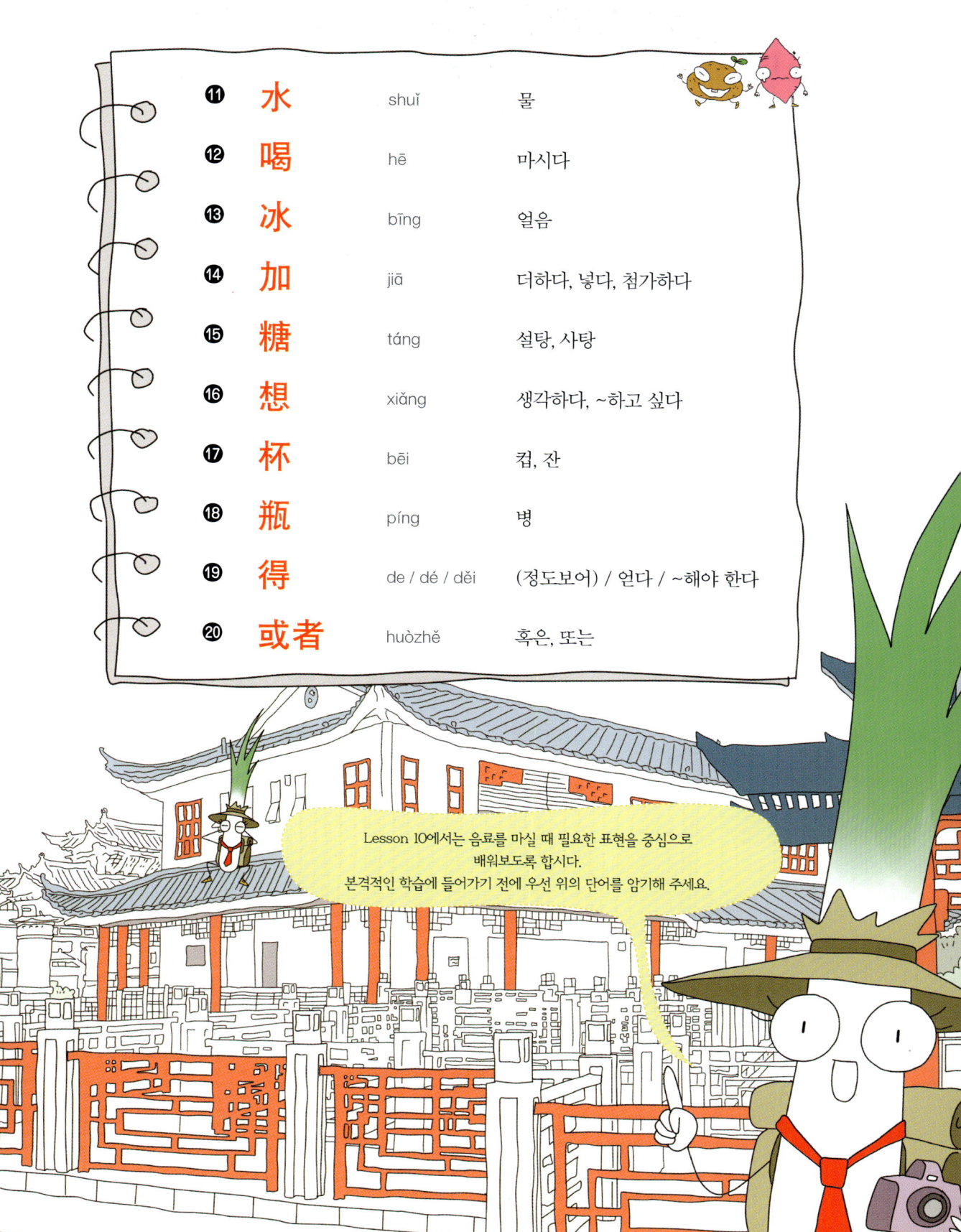

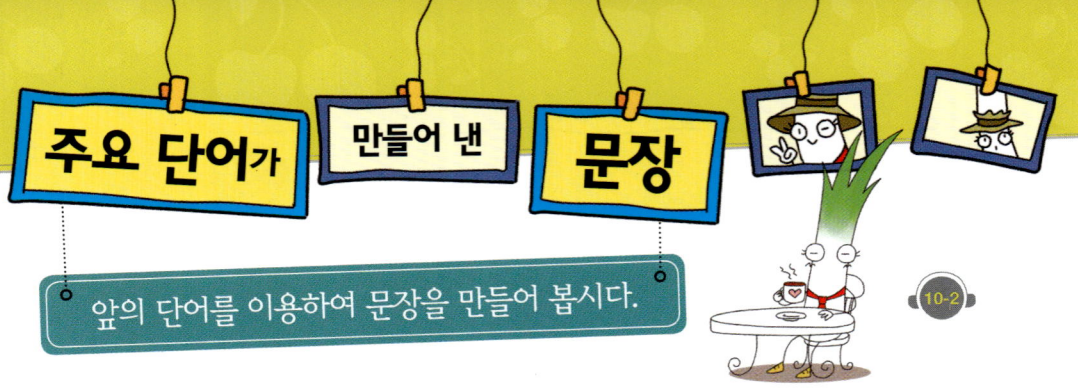

앞의 단어를 이용하여 문장을 만들어 봅시다.

你加不加(咖啡)伴侣? 당신은 커피에 프림을 넣을 건가요? 안 넣을 건가요?
Nǐ jiā bu jiā (kāfēi) bànlǚ?

你[L1] ⁱ⁴加 不[L2] ⁱ⁴加 ⁹(咖啡)伴侣
너   넣다 (부정)   넣다   프림

- '加'는 '넣다, 첨가하다'라는 뜻으로, 앞에 부정을 의미하는 '不'가 붙어 '不加'가 되면 '넣지 않다'라는 뜻이 된다.
- '伴侣'는 '동반자, 동료'란 뜻이다. '咖啡伴侣'라고 하면 '커피의 짝꿍, 커피의 동반자'라는 의미에서 '프림'을 뜻한다.

你想喝点儿什么? 당신은 뭘 좀 마시고(드시고) 싶으세요?
Nǐ xiǎng hē diǎnr shénme?

你[L1] ¹⁶想 ¹²喝 点儿[L9] 什么[L2]
당신   ~하고 싶다   마시다   조금   무엇

- 위 문장에 '点儿'가 들어가므로 해석할 때 '좀~'로 해석하면 된다. ('点儿'는 '一点儿'의 줄임말이다.)
  예) 你想什么? Nǐ xiǎng shénme? 당신은 무슨 생각을 하십니까?
  你想喝什么? Nǐ xiǎng hē shénme? 당신은 무엇을 마시고 싶습니까?

请给我一杯冰水吧。 얼음물 한 잔 주세요.
Qǐng gěi wǒ yì bēi bīngshuǐ ba.

请[L2] 给[L9] 我[L1] 一 ¹⁷杯 ¹³冰 ¹¹水 吧[L2]
부디   주다   나   한   잔   얼음   물   ~요

你们这儿有什么饮料? 여기 어떤 음료가 있나요?
Nǐmen zhèr yǒu shénme yǐnliào?

你们 [L1]   这儿 [L5]   有 [L4]   什么 [L2]   饮料
당신들   여기   있다   무슨   음료

- '这儿有什么饮料?', '你们这儿有什么饮料?' 두 문장 모두 '여기 어떤 음료가 있나요?'란 뜻으로 해석된다. 단지 좀 더 자세한 문장으로 말할 때는 '你们'을 (여기/저기) 앞에 넣는다. 즉, '사람 + (여기/저기)'로 쓴다.
  - 예) 你来我这儿吧。Nǐ lái wǒ zhèr ba. 네가 (내가 있는)여기로 와라.
    我去你那儿吧。Wǒ qù nǐ nàr ba. 내가 (네가 있는)거기로 갈게.

你喝了几杯? 당신은 몇 잔 드셨습니까?
Nǐ hē le jǐ bēi?

你 [L1]   喝 [12]   了 [L6]   几 [L3]   杯 [17]
당신   마시다   (완료)   몇   잔

她喝得很多。 그녀는 많이 마셨습니다.
Tā hē de hěn duō.

她 [L1]   喝 [12]   得 [19]   很 [L1]   多 [L9]
그녀   마시다   (정도)   매우   많다

- 〈정도보어〉 '得'로 마시는 정도를 나타내준다.
- '她喝了很多。Tā hē le hěn duō.'도 '그녀는 많이 마셨습니다'로 해석 되는데, 여기서는 '了'가 들어가므로 동작의 〈완료〉를 뜻한다.
- '多 duō'는 '많다', 반대로 '적다'는 '少 shǎo'라고 한다.

주요 단어가 만들어 낸 문장

我们喝果汁或(者)喝茶吧。 우리 주스를 마시든지 아니면 차를 마시든지 합시다.
Wǒmen hē guǒzhī huò(zhě) hē chá ba.

我们 [L1] 우리들 | 喝 [12] 마시다 | 果汁 [2] 주스 | 或(者) [20] 또는 | 喝 [12] 마시다 | 茶 [6] 차 | 吧 [L2] ~자

- 'A 或者 B.'는 'A 아니면 B.'라는 〈선택〉을 나타내는 평서문이 되고, 8과에서 배운 '还是 háishi'를 넣어 'A 还是 B? A 아니면 B?'라고 하면 〈선택〉을 나타내는 의문문이 된다.
  - 예) 你喝啤酒还是喝可乐? Nǐ hē píjiǔ háishi hē kělè? 너 맥주 마실 거니, 아니면 주스 마실 거니?

来，我干杯你随意。 자, 저는 건배 할 테니, 당신은 원하는 만큼 드세요.
Lái, wǒ gānbēi nǐ suíyì.

来 [L3] 오다 | 我 [L1] 나 | 干杯 [5] 건배 | 你 [L1] 너 | 随意 [7] 마음대로 하다

- 여기서 '来'는 '자!'의 뜻으로 영어의 'Let's~'의 개념이다.
- 반대의 의미로 '来, 我随意你干杯。'라고 하면, '저는 원하는 만큼 마실테니, 당신은 건배하세요.'라는 뜻이 된다.

我喝咖啡加冰不加糖。 저는 커피 마시는데, 얼음은 넣고, 설탕은 넣지 않습니다.
Wǒ hē kāfēi jiā bīng bù jiā táng.

我 [L1] 나 | 喝 [12] 마시다 | 咖啡 [8] 커피 | 加 [14] 넣다 | 冰 [13] 얼음 | 不 [L2] (부정) | 加 [14] 넣다 | 糖 [15] 설탕

我要三瓶可乐。 콜라 세 병 주세요.
Wǒ yào sān píng kělè.

我[L1] 要[L9] 三[18] 瓶[10] 可乐
나　 원하다　 3　 병　 콜라

她喝这家的咖啡。 그녀는 이 집(가게, 상점) 커피를 마십니다.
Tā hē zhè jiā de kāfēi.

她[L1] 喝[12] 这[L4] 家[L6] 的[L4] 咖啡[8]
그녀　 마시다　 이　 집　 ~의　 커피

- 여기서 '家'는 '양사'이다. 즉, '이 집 커피숍'의 '커피숍'을 생략한 것이다.

这牛奶酸了。 이 우유는 쉬었습니다(상했습니다).
Zhè niúnǎi suān le.

这[L4] 牛奶[3] 酸[L11] 了[L6]
이　 우유　 시다　 (완료)

- '酸 suān'은 다음 과에서 배울 단어인데, '시다'라는 의미이다. '酸'을 '牛奶' 뒤에 쓰면 '우유가 상했다'란 뜻이 되고, '牛奶' 앞에 써서 '酸牛奶 suān niúnǎi'가 되면 '요구르트, 발효유'란 뜻이 된다. '酸牛奶'는 주로 '酸奶 suān nǎi'라고 한다.

117

실전을 통한 자연스러운 회화연습

1 무엇을 마실까 고민하고 있을 때

A : 你在 ☐ 什么? 뭘 생각하고 계세요?
Nǐ zài xiǎng shénme?

B : 我在想喝咖啡 ☐☐ 喝果汁。
커피를 마실까 아니면 주스를 마실까 생각 중이에요.
Wǒ zài xiǎng hē kāfēi háishi hē guǒzhī.

2 그만 마시겠다고 할 때

A : ☐ , 干杯。 자, 건배합시다.
Lái, gānbēi.

B : ☐☐☐ , 我喝多了。
죄송해요. 저는 많이 마셨어요.
Duìbuqǐ, wǒ hē duō le.

我们随意吧。
우리 마시고 싶은 만큼만 마시죠.
Wǒmen suíyì ba.

3 그가 산 것 중, 내가 마시고 싶은 것

A : 他买什么了? 그는 무엇을 샀습니까?
Tā mǎi shénme le?

B : 他买了两 ☐ 可乐，六 ☐ 啤酒和四个 ☐☐ 。
그는 콜라 2병, 맥주 6병 그리고 요구르트 4개를 샀습니다.
Tā mǎi le liǎng píng kělè, liù píng píjiǔ hé sì ge suānnǎi.

A : 你要喝什么? 뭐 드실래요?
Nǐ yào hē shénme?

B : 我要喝 ☐☐ 。
저는 맥주 마실래요.
Wǒ yào hē píjiǔ.

4 커피를 어떻게 마시는지 말할 때

A : 你喝什么? 뭐 드시겠습니까?
Nǐ hē shénme?

B : 我喝 ☐☐ 。 저는 커피 마실게요.
Wǒ hē kāfēi.

A : ☐☐☐ 伴侣?
프림 넣어요? 안 넣어요?
Jiā bu jiā bànlǚ?

B : 不加伴侣也不加 ☐ 。
프림도 안 넣고 설탕도 안 넣어요.
Bù jiā bànlǚ yě bù jiā táng.

119

연습문제를 통한 확인학습

1 병음을 보고 단어를 적어 봅시다.

❶ píjiǔ ➜ ☐ ☐   ❷ kělè ➜ ☐ ☐

❸ niúnǎi ➜ ☐ ☐   ❹ píng ➜ ☐

2 발음을 듣고, 한자와 병음을 적어 봅시다.

❶ ☐ ➜ ____   ❷ ☐ ☐ ➜ ____

❸ ☐ ➜ ____   ❹ ☐ ➜ ____

3 우리말에 맞게 중국어를 적어 봅시다.

❶ 너 커피 마실래 아니면 차 마실래?

❷ 우리 콜라 마시거나 주스 마시자.

❸ 너 무슨 생각하고 있니?

❹ 너 물 마실래? (너 물 마실 거니?)

칼럼을 통해 배우는 차이나는 중국

 패스트푸드점 & 기타 10-6

패스트푸드
快餐 [kuàicān]

맥도날드
麦当劳 [Màidāngláo]

KFC
肯德基 [Kěndéjī]

롯데리아
乐天利 [Lètiānlì]

버거킹
汉堡王 [Hànbǎowáng]

파파이스
派派思 [Pàipàisī]

피자헛
必胜客 [Bìshèngkè]

도미노
达美乐 [Dáměilè]

아웃백
奥拜客 [Àobàikè]

T.G.I
星期五餐厅
[Xīngqīwǔcāntīng]

던킨도너츠
当肯多娜
[Dāngkěnduōnà]

베스킨라빈스31
三十一冰淇淋
[Sānshíyībīngqílín]

스타벅스
星巴克 [Xīngbākè]

이마트
易买得 [Yìmǎidé]

까르프
家乐福 [Jiālèfú]

Lesson 11

你喜欢吃辣的吗? 당신은 매운 음식을 좋아합니까?
Nǐ xǐhuan chī là de ma?

❶	喜欢	xǐhuan	좋아하다 (영어의 'like')
❷	随便	suíbiàn	마음대로, 좋을 대로(하다)
❸	味道	wèidao	맛
❹	味(儿)	wèi(r)	맛, 냄새
❺	清淡	qīngdàn	담백하다
❻	酸	suān	시다, 시큼하다
❼	甜	tián	달다
❽	苦	kǔ	쓰다
❾	辣	là	맵다
❿	咸	xián	짜다

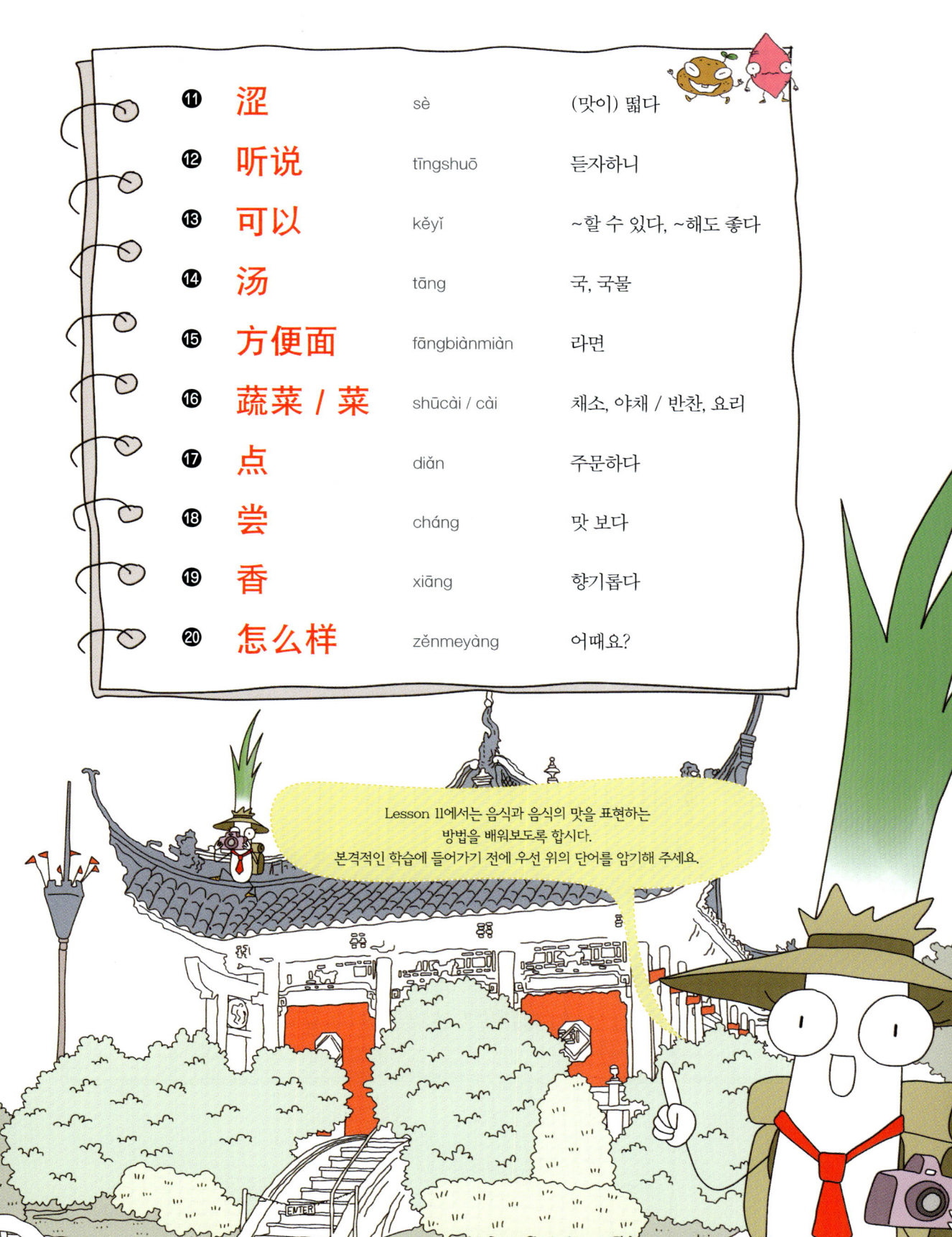

⑪	涩	sè	(맛이) 떫다
⑫	听说	tīngshuō	듣자하니
⑬	可以	kěyǐ	~할 수 있다, ~해도 좋다
⑭	汤	tāng	국, 국물
⑮	方便面	fāngbiànmiàn	라면
⑯	蔬菜 / 菜	shūcài / cài	채소, 야채 / 반찬, 요리
⑰	点	diǎn	주문하다
⑱	尝	cháng	맛 보다
⑲	香	xiāng	향기롭다
⑳	怎么样	zěnmeyàng	어때요?

Lesson 11에서는 음식과 음식의 맛을 표현하는 방법을 배워보도록 합시다.
본격적인 학습에 들어가기 전에 우선 위의 단어를 암기해 주세요.

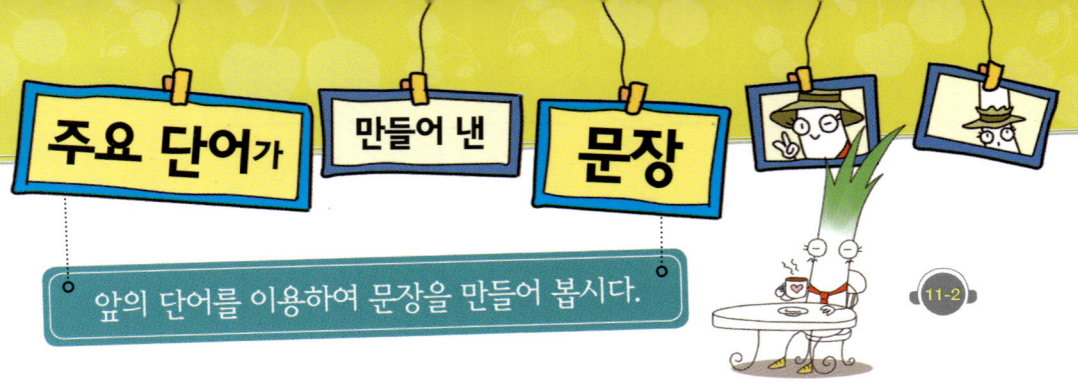

앞의 단어를 이용하여 문장을 만들어 봅시다.

你喜欢吃甜的吗? 당신은 단 것을 (먹기를) 좋아합니까?
Nǐ xǐhuan chī tián de ma?

你[L1] 喜欢[1] 吃[L7] 甜[7] 的[L4] 吗[L1]
너   좋아하다 먹다   달다   ~의 것 ~입니까?

- '你喜欢甜的吗? Nǐ xǐhuan tián de ma? 당신은 단 것을 좋아합니까?'와 같이 '吃'란 단어가 안 들어가면 그저 단 것을 좋아하는지를 묻는 것이 되고, '吃'란 단어가 들어가면 '**단 것을 즐겨 먹느냐**'의 의미가 된다.
  Tip. '단 거 좋아해요?'라고 하면 거의 모든 학생들은 '你喜欢甜的吗?'로 쓴다. **단 것을 즐겨 먹느냐**를 묻고자 할 때는 질문에는 습관적으로 '吃' 단어를 넣어 '你喜欢吃甜的吗?'라고 하고, **단 것을 즐겨 마시느냐**를 묻고자 할 때는 질문에 습관적으로 '喝' 단어를 넣어 '你喜欢喝甜的吗?'라고 한다.

你喜欢吃什么? 당신은 무엇을 (먹기를) 좋아합니까?
Nǐ xǐhuan chī shénme?

你[L1] 喜欢[1] 吃[L7] 什么[L2]
너   좋아하다 먹다   무엇

- 이 문장도 위의 문장과 마찬가지다. '吃'란 단어를 넣어야 **먹는 것 중에 어떤 것을 좋아하는지**를 묻는 것이다. '你喜欢什么? Nǐ xǐhuan shénme?'라고 하면 '당신은 무엇을 좋아합니까?'라는 포괄적인 의미가 된다.

你喝的汤怎么样? 好喝吗? 드시는 국은 어때요? 맛있어요?
Nǐ hē de tāng zěnmeyàng? hǎo hē ma?

你 [L1] 喝 [L10] 的 [L4] ¹⁴汤 ²⁰怎么样 好 [L1] 喝 吗 [L1]
너　마시다　~의　국(국물)　어때요　좋다　마시다　~입니까?

- '怎么样?'은 '어때요?', '어때?'란 뜻으로, 어디든 사용할 수 있으니 잘 기억해 두자.

韩国的方便面辣吗? 한국의 라면은 맵습니까?
Hánguó de fāngbiànmiàn là ma?

韩国 [L8] 的 [L4] ¹⁵方便面 ⁹辣 吗 [L1]
한국　~의　라면　맵다　~입니까?

这(是)什么味儿? 이게 무슨 냄새예요?
Zhè(shì) shénme wèir?

这 [L4] (是 [L2]) 什么 [L2] ⁴味儿
이것　(~은 ~이다)　무슨　냄새

- '是'는 넣어도 되고, 안 넣어도 된다.

你不可以吃苦的。 당신은 쓴 걸 드시면 안 됩니다.
Nǐ bù kěyǐ chī kǔ de.

你 [L1] 不 [L2] ¹³可以 吃 [L7] ⁸苦 的 [L4]
너　(부정)　~해도 된다　먹다　쓰다　~한 것

- '吃'를 넣어 '쓴 것을 먹는다'는 뜻으로 말할 때는 '吃苦的'라고 사용해야 된다. '吃苦'라고만 하면 '고생을 한다'는 의미가 되므로 주의하자.
  예) 你不可以吃苦。Nǐ bù kěyǐ chī kǔ. 넌 고생하면 안 돼.
- 你不可以吃苦的(菜)。Nǐ bù kěyǐ chī kǔ de(cài). 넌 쓴 걸 먹으면 안 돼.
  대화 중에서 미리 언급된 경우 '的' 뒤에 있는 단어를 생략할 수 있다.

주요 단어가 만들어 낸 문장

听说中国人很喜欢吃猪肉。
Tīngshuō Zhōngguórén hěn xǐhuan chī zhūròu.
듣자하니 중국사람들은 돼지고기를 아주 좋아한다고 합니다.

¹²听说	中国 L8	人 L4	很 L1	¹喜欢	吃 L7	猪肉
듣자하니	중국	사람	매우	좋아하다	먹다	돼지고기

- '很喜欢猪肉'와 '很喜欢吃猪肉'는 결국 같은 의미이지만, '吃'가 들어가면 '즐겨먹는다'는 뜻이 더 포함된다고 볼 수 있다.
- 참고로 '猪肉 zhūròu'는 '돼지고기'이다.
  → p.131 칼럼 참조

这菜不咸也不苦，很清淡。
Zhè cài bù xián yě bù kǔ, hěn qīngdàn.
이 요리는 짜지도 않고 쓰지도 않고, 아주 담백합니다.

这 L4	¹⁶菜	不 L2	¹⁰咸	也 L1	不	⁸苦	很 L1	⁵清淡
이	요리	(부정)	짜다	~도	(부정)	쓰다	매우	담백하다

我不吃辣的也不吃酸的。 저는 매운 것도 신 것도 먹지 않습니다.
Wǒ bù chī là de yě bù chī suān de.

我 L1	不 L2	吃 L7	⁹辣	的 L4	也 L1	不	吃	⁶酸	的
나	(부정)	먹다	맵다	~한 것	~도	(부정)	먹다	시다	~한 것

- '我不吃辣' 해도 되지만 '的'를 써줌으로 의미를 더욱 확실하게 전달할 수 있고, 마무리된 느낌을 줄 수 있다.

你有香水吗? 향수 있습니까?
Nǐ yǒu xiāngshuǐ ma?

你[L1]　有[L4]　¹⁹香　水[L10]　吗[L1]
너　가지고 있다　향기롭다　물　~입니까?

- '향기로운 물'은 즉, '香水 xiāngshuǐ 향수'를 말한다.

我尝了尝(味道)。 제가 맛 좀 봤어요.
Wǒ cháng le cháng wèidao.

我[L1]　¹⁸尝　了[L6]　¹⁸尝　(³味道)
나　맛보다 (완료)　맛보다　맛

- '味道'를 생략하여, '我尝了尝。'라고만 해도 '제가 맛을 좀 봤어요'라는 뜻이 된다.
- 완료의 '了'가 들어갔기 때문에 동작이 끝남을 알 수 있다.
- '我尝一尝。Wǒ cháng yi cháng.' 또는 '我尝尝看。Wǒ cháng chang kàn.'라고 하면 '제가 맛 좀 보겠습니다'라는 의미가 된다.
    → 단어가 중첩이 되면, 뒤 단어는 경성이 된다.

今天你随便点(菜)吧。 오늘은 당신 마음대로 주문하세요.
Jīntiān nǐ suíbiàn diǎn (cài) ba.

今天[L3]　你[L1]　²随便　¹⁷点　(¹⁶菜)　吧[L2]
오늘　너　마음대로　주문하다　요리　~하라

실전을 통한 자연스러운 회화연습

1 국이 맛있는 식당

A : 这家的汤，☐☐☐? 이 집 국(물) 어때요?
　　Zhè jiā de tāng, zěnmeyàng?

B : 很好喝。 아주 맛있어요.
　　Hěn hǎo hē.

　　我☐☐☐很喜欢喝这家的☐。
　　Wǒ nǎinai yě hěn xǐhuan hē zhè jiā de tāng.
　　제 할머니도 이 집 국을 좋아하세요.

A : 你要不要买点儿回去?
　　좀 사가실래요?
　　Nǐ yào bu yào mǎi diǎnr huí qù?

B : 好，给我☐☐买点儿吧。
　　그래요, 할머니께 좀 사가죠.
　　Hǎo, gěi wǒ nǎinai mǎi diǎnr ba.

2 저녁 먹으러 가자고 할 때

A : ☐☐晚上我们吃什么呢? 오늘 저녁에 우리 뭐 먹죠?
　　Jīntiān wǎnshang wǒmen chī shénme ne?

B : 你喜欢吃什么? 뭘 좋아하시는데요?
　　Nǐ xǐhuan chī shénme?

A : 我喜欢吃☐的。☐☐?
　　저는 매운 걸 좋아해요. 당신은요?
　　Wǒ xǐhuan chī là de. Nǐ ne?

B : 我也喜欢吃☐的。
　　저도 매운 걸 좋아해요.
　　Wǒ yě xǐhuan chī là de.

3 향수가 있는 사람과 없는 사람

A : 你有 ☐☐ 吗? 향수 있으세요?
Nǐ yǒu xiāngshuǐ ma?

B : 没有。你呢? 없어요. 당신은요?
Méiyǒu. Nǐ ne?

A : 我有很多。 저는 많이 있어요.
Wǒ yǒu hěnduō.

B : 是吗? 可以给我 ☐☐ 吗?
그래요? 저 하나 줘도 되나요?
Shì ma? Kěyǐ gěi wǒ yí ge ma?

4 단 것을 싫어하는 사람과 좋아하는 사람

A : ☐☐，你现在不吃甜的，是吗?
Tīngshuō, nǐ xiànzài bù chī tián de, shì ma?
듣자하니, 지금 단 걸 먹지 않다고 하는데 그래요?

B : 是的。☐☐ 呢?
네~ 그렇습니다. 당신들은요?
Shì de. Nǐmen ne?

C : 我也 ☐ 你一样，不吃甜的。
Wǒ yě hé nǐ yíyàng, bù chī tián de.
저도 당신과 마찬가지로 단 걸 먹지 않습니다.

A : 我 ☐☐☐ 喜欢吃甜的，
现在也喜欢吃甜的。
Wǒ xiǎoshíhou xǐhuan chī tián de, xiànzài yě xǐhuan chī tián de.
저는 어릴 때도 단 걸 좋아했고, 지금도 단 걸 좋아해요.

129

연습문제를 통한 확인학습

1 병음을 보고 단어를 적어 봅시다.

❶ xǐhuan ➡ ☐ ☐   ❷ suíbiàn ➡ ☐ ☐

❸ xián ➡ ☐   ❹ cài ➡ ☐

2 발음을 듣고, 한자와 병음을 적어 봅시다.

❶ ☐ ☐ ➡ _____   ❷ ☐ ☐ ➡ _____

❸ ☐ ➡ _____   ❹ ☐ ➡ _____

3 우리말에 맞게 중국어를 적어 봅시다.

❶ 저는 매운 것도 좋아하고, 단 것도 좋아합니다.
_____

❷ 이거 무슨 냄새야?
_____

❸ 대충 먹자.
_____

❹ 그는 한국 라면을 좋아합니다.
_____

Lesson 12

我怕冷。 Wǒ pà lěng. 저는 추위를 탑니다.

❶	天气	tiānqì	날씨
❷	春天	chūntiān	봄, 봄날
❸	夏天	xiàtiān	여름
❹	秋天	qiūtiān	가을
❺	冬天	dōngtiān	겨울
❻	暖和	nuǎnhuo	따뜻하다
❼	凉快	liángkuai	시원하다, 선선하다
❽	雨季	yǔjì	장마철, 우기
❾	雨伞	yǔsǎn	우산
❿	害怕	hàipà	무서워하다, 두려워하다

⑪	雨	yǔ	비
⑫	雪	xuě	눈
⑬	下	xià	내리다
⑭	刮风	guāfēng	바람이 불다
⑮	热	rè	덥다, 뜨겁다
⑯	度	dù	도(온도, 각도를 나타냄)
⑰	滑	huá	매끈매끈하다, 미끄럽다
⑱	冷	lěng	춥다
⑲	带	dài	지니다, 휴대하다
⑳	因为…所以	yīnwèi…suǒyǐ	왜냐하면…그래서, ~때문에…그래서

Lesson 12에서는 날씨와 관련된 표현을 중심으로 배워보도록 합시다.
본격적인 학습에 들어가기 전에 우선 위의 단어를 암기해 주세요.

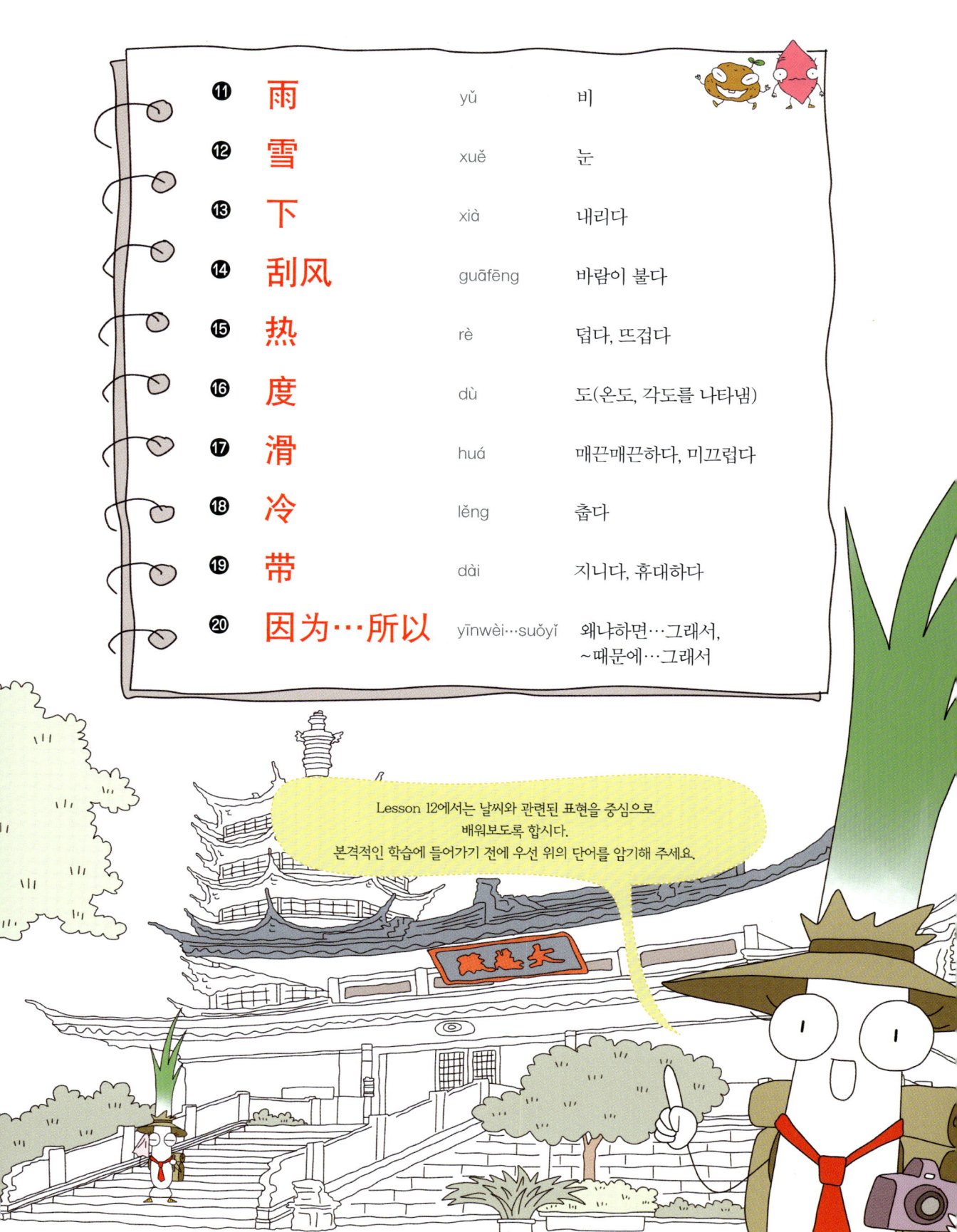

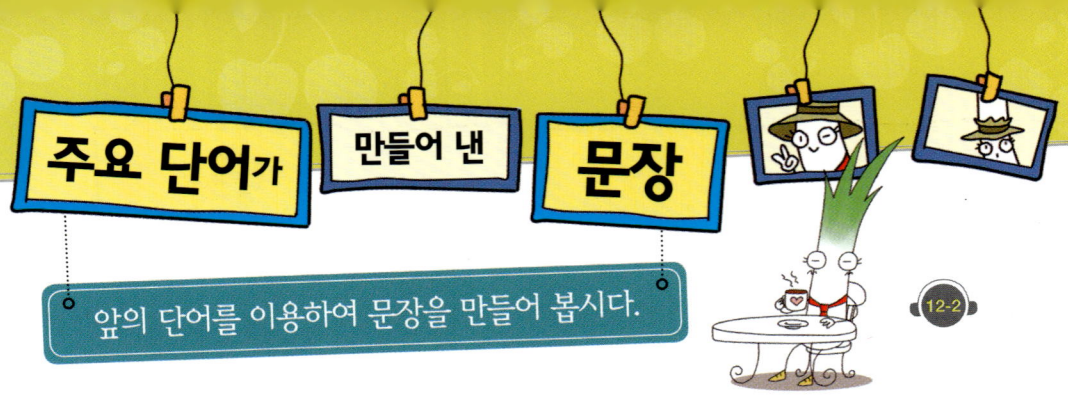

주요 단어가 만들어 낸 문장

앞의 단어를 이용하여 문장을 만들어 봅시다.

我怕冷，你呢? 저는 추위를 타는데 당신은요?
Wǒ pà lěng, nǐ ne?

我 [L1] 怕 [10] 冷 [18] 你 [L1] 呢 [L1]
나   무섭다   춥다   너   ~는요?

• '추운 것을 무서워한다'고 직역되지만, '추위를 탄다'라고 해석하면 된다.

今天天气怎么样? 오늘 날씨 어때요?
Jīntiān tiānqì zěnmeyàng?

今天 [L3] 天气 [1] 怎么样 [L1]
오늘   날씨   어때요

明天几度? 내일 몇 도입니까?
Míngtiān jǐ dù?

明天 [L3] 几 [L3] 度 [16]
내일   몇   도

134 ★ Lesson 12

韩国的雨季是什么时候？ 한국의 장마철은 언제입니까?
Hánguó de yǔjì shì shénme shíhou?

韩国 [L8] 的 [L4] ⁸雨季 是 [L2] 什么 [L2] 时候 [L8]
한국　　~의　　장마철　~은~이다　무슨　　때

现在下雨吗？ 지금 비옵니까?
Xiànzài xià yǔ ma?

现在 [L7] ¹³下 ¹¹雨 吗 [L1]
지금　　내리다　비　입니까?

你带雨伞了吗？ 당신은 우산을 챙기셨나요? (우산을 지니셨나요?)
Nǐ dài yǔsǎn le ma?

你 [L1] ¹⁹带 ⁹雨伞 了 [L6] 吗 [L1]
당신　휴대하다　우산　(완료)　~입니까?

- '你带雨伞来了吗? Nǐ dài yǔsǎn lái le ma?'와 같이 '来'를 넣어도 '당신은 우산을 가져왔습니까?'로, 위의 문장과 같은 뜻이 된다.

주요 단어가 만들어 낸 문장

你害怕吗? 당신은 무섭습니까?
Nǐ hàipà ma?

你 [L1]　　[10] 害怕　吗 [L1]
당신　　　무서워하다　~입니까?

- 아래 두 예문의 차이를 잘 이해하도록 하자.

你怕，我不怕。 Nǐ pà, wǒ bú pà. 당신은 무섭겠지만, 저는 안 무서워요.
　　　　　　　　　　　　　　　당신은 두렵겠지만, 저는 안 두려워요.
你怕? 我不怕。 Nǐ pà? Wǒ bú pà. 당신은 무섭죠? 저는 안 무서워요.
　　　　　　　　　　　　　　　당신은 두렵죠? 저는 안 두려워요.

因为刮风所以很冷。 바람이 불기 때문에 많이 춥습니다.
Yīnwèi guāfēng suǒyǐ hěn lěng.

[20] 因为　[14] 刮风　[20] 所以　很 [L1]　[18] 冷
왜냐하면　바람이 불다　그래서　매우　춥다

韩国的秋天很凉快。 한국의 가을은 아주 시원합니다.
Hánguó de qiūtiān hěn liángkuai.

韩国 [L8]　的 [L4]　[4] 秋天　很 [L1]　[7] 凉快
한국　~의　가을　매우　시원하다

春天暖和夏天热。 봄은 따뜻하고 여름은 덥습니다.
Chūntiān nuǎnhuo xiàtiān rè.

② **春天** 봄 ⑥ **暖和** 따뜻하다 ③ **夏天** 여름 ⑮ **热** 덥다

- '热水 rèshuǐ'라고 하면 '뜨거운 물'이 된다.

今天风很大。 오늘은 바람이 강합니다.
Jīntiān fēng hěn dà.

今天 L3 오늘 ⑭ **风** 바람 **很** L1 매우 **大** L8 강하다

我妹妹喜欢冬天去滑雪。 제 여동생은 겨울에 스키 타러 가는 것을 좋아합니다.
Wǒ mèimei xǐhuan dōngtiān qù huáxuě.

我 L1 나 **妹妹** L1 여동생 **喜欢** L11 좋아하다 ⑤ **冬天** 겨울 **去** L3 가다 ⑰ **滑** ⑫ **雪** 스키를 타다

- '滑'와 '雪'이 합쳐진 '滑雪'는 '스키를 타다'라는 뜻이 된다.

실전을 통한 자연스러운 회화연습

1 날씨를 묻고 답할 때

A : 今天 ☐☐，怎么样？ 오늘 날씨 어때요?
　　Jīntiān tiānqì, zěnmeyàng?

B : 今天 ☐ 昨天冷。 오늘은 어제보다 추워요.
　　Jīntiān bǐ zuótiān lěng.

2 추위 타는 사람과 안 타는 사람

A : 我今年 ☐☐ 去韩国，你也去吧。
　　난 올해 겨울 한국 가는데 너도 가자.
　　Wǒ jīnnián dōngtiān qù Hánguó, nǐ yě qù ba.

B : 你不怕冷吗？ 너 추위 안 타니?
　　Nǐ bú pà lěng ma?

A : 我 ☐☐☐。 난 추위 안 타.
　　Wǒ bú pà lěng.

　　我要去滑雪，你呢？
　　스키 타러 갈 거야, 너는?
　　Wǒ yào qù huáxuě, nǐ ne?

B : 我怕冷，我不去。
　　난 추위 타서 안 가.
　　Wǒ pà lěng, Wǒ bú qù.

3 내일 날씨에 대해 이야기 할 때

A : 你知道明天几⬜度吗? 당신은 내일 몇 도인지 아십니까?
Nǐ zhīdao míngtiān jǐ dù ma?

B : 明天⬜⬜七度。 내일은 영하 7도 입니다.
Míngtiān língxià qī dù.

A : 很冷吗? 아주 춥습니까?
Hěn lěng ma?

B : 和今天⬜⬜。 오늘과 같습니다.
Hé jīntiān yíyàng.

4 한국의 날씨에 대해 이야기 할 때

A : ⬜⬜的天气，怎么样? 한국 날씨 어때요?
Hánguó de tiānqì, zěnmeyàng?

B : ⬜⬜暖和，夏天热，⬜⬜凉快，冬天冷。
봄은 따뜻하고, 여름은 덥고, 가을은 시원하며, 겨울은 춥습니다.
Chūntiān nuǎnhuo, xiàtiān rè, qiūtiān liángkuai, dōngtiān lěng.

139

연습문제를 통한 확인학습

1 병음을 보고 단어를 적어 봅시다.

❶ huá → [ ]

❷ yǔsǎn → [ ][ ]

❸ guāfēng → [ ][ ]

❹ dōngtiān → [ ][ ]

2 발음을 듣고, 한자와 병음을 적어 봅시다.

❶ [ ] →

❷ [ ][ ] →

❸ [ ] →

❹ [ ][ ] →

3 우리말에 맞게 중국어를 적어 봅시다.

❶ 너 안 춥니?

❷ 여름이라서 눈이 안 와요.

❸ 지금 몇 도입니까?

❹ 춥지도 않고, 덥지도 않습니다.

칼럼을 통해 배우는 **차이나는 중국**

띠 : 属 [shǔ]

쥐	소	호랑이	토끼
老鼠 [lǎoshǔ]	牛 [niú]	老虎 [lǎohǔ]	兔子 [tùzi]

용	뱀	말	양
龙 [lóng]	蛇 [shé]	马 [mǎ]	羊 [yáng]

원숭이	닭	개	돼지
猴子 [hóuzi]	鸡 [jī]	狗 [gǒu]	猪 [zhū]

* 한 글자로 표현하면 '鼠牛虎兔龙蛇马羊猴鸡狗猪'이다.
두 자로 읽어도 되고, 한 자로 읽어도 되는데, 회화체에서는 주로 두 자로 읽는다. 예를 들어 '쥐'는 '老鼠 lǎoshǔ'라고 해도 되고, '鼠 shǔ'라고 해도 되나, 회화에서는 '老鼠 lǎoshǔ'라고 다 읽어주고, 띠로 말할 때는 '鼠 shǔ'라고 한 자로 말하기도 한다.

** '뱀'은 말할 때 '蛇 shé'라고도 하지만 듣기 좋게 '小龙 xiǎolóng (작은 용-)'이라고 불러주기도 한다.

Lesson 13

朋友生病了。 친구가 병이 났어요.
Péngyou shēng bìng le.

1. 医院 — yīyuàn — 병원
2. 住院 — zhùyuàn — 입원하다
3. 出院 — chūyuàn — 퇴원하다
4. 病房 — bìngfáng — 병실
5. 病人 — bìngrén — 환자
6. 感冒 — gǎnmào — 감기(에 걸리다)
7. 咳嗽 — késou — 기침(하다)
8. 发烧 — fāshāo — 열이 나다
9. 打针 — dǎzhēn — 주사를 놓다
10. 胃口 — wèikǒu — 식욕

⓫	朋友	péngyou	친구
⓬	身体	shēntǐ	몸, 신체
⓭	舒服	shūfu	편안하다, 안락하다, 쾌적하다
⓮	休息	xiūxi	쉬다, 휴식하다
⓯	累	lèi	피곤하다, 지치다
⓰	头	tóu	머리
⓱	疼	téng	아프다
⓲	生	shēng	(병이) 발생하다, 생겼다
⓳	病	bìng	병
⓴	药	yào	약

Lesson 13에서는 건강과 관련된 표현을 중심으로 배워보도록 합시다.
본격적인 학습에 들어가기 전에 우선 위의 단어를 암기해 주세요.

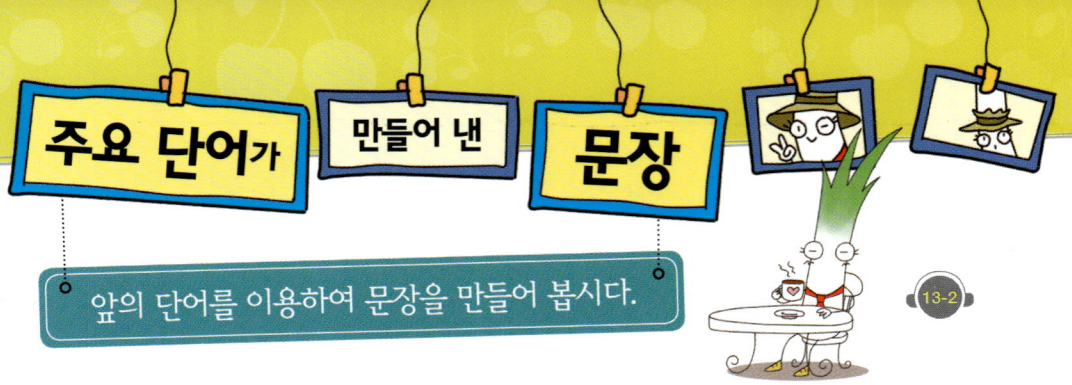

앞의 단어를 이용하여 문장을 만들어 봅시다.

你身体好吗? 당신은 건강합니까?
Nǐ shēntǐ hǎo ma?

你 [L1] 당신 身体 [12] 몸 好 [L1] 좋다 吗 [L1] ~입니까?

谁住院了? 几号病房? 누가 입원했어요? 병실은 몇 호 인가요?
Shéi zhùyuàn le? Jǐ hào bìngfáng?

谁 [L2] 누구 住院 [2] 입원 了 [L6] (완료) 几 [L3] 몇 号 [L3] ~호 病房 [4] 병실

- '号'는 3과에서 날짜를 나타내는 '~일'이라는 뜻으로 배웠는데, 병실 등의 호수를 나타내는 '~호'라는 의미로도 사용된다.

你哪儿不舒服? 당신은 어디가 안 좋으세요(편찮으세요)?
Nǐ nǎr bù shūfu?

你 [L1] 당신 哪儿 [L5] 어디 不 [L2] (부정) 舒服 [13] 편안하다

- 위 문장은 '편찮다'는 의미가 더 강하고, '你(生)病了吗? Nǐ (shēng)bìng le ma?'라고 하면 '당신 아파요?'라는 '병이 났다'는 의미가 더 강하다.

你什么时候出院? 당신은 언제 퇴원합니까?
Nǐ shénme shíhou chūyuàn?

你 什么[L2] 时候[L8] ³出院
당신 어느 때 퇴원

吃药了吗? 약 먹었어요? (약 드셨어요?)
Chī yào le ma?

吃[L7] ²⁰药 了[L6] 吗[L1]
먹다 약 (완료) ~입니까?

要打针吗? 주사 맞아야 합니까?
Yào dǎzhēn ma?

要[L9] ⁹打针 吗[L1]
필요하다 주사를 놓다 ~입니까?

你累不累? 당신 피곤해요? 안 피곤해요?
Nǐ lèi bú lèi?

你[L1] ¹⁵累 不[L2] ¹⁵累
당신 피곤하다 (부정) 피곤하다

- '累'는 '피곤하다'란 뜻도 있지만, '힘들다'란 뜻도 있기 때문에 '你累不累?'를 '너 힘드니, 안 힘드니?'라고 해석할 때도 있다. 따라서 상황에 맞게 사용하자.

주요 단어가 만들어 낸 문장

这病人是我(的)朋友。 이 환자는 제 친구입니다.
Zhè bìngrén shì wǒ (de) péngyou.

这 [L4]	⁵ 病人	是 [L2]	我 [L1]	(的) [L4]	¹¹ 朋友
이	환자	~은 ~이다	나	~의	친구

我咳嗽也有点儿发烧。 저 기침하고 열도 좀 납니다.
Wǒ késou yě yǒu diǎnr fāshāo.

我 [L1]	⁷ 咳嗽	也 [L1]	有点儿 [L9]	⁸ 发烧
나	기침(하다)	~도	조금, 약간	열이 나다

你去医院看看医生吧。 병원에 가서 진찰 좀 하시죠. (하세요.)
Nǐ qù yīyuàn kànkan yīshēng ba.

你 [L1]	去 [L3]	¹ 医院	看看 [L3]	医生 [L6]	吧 [L2]
당신	가다	병원	좀 보다	의사	~죠

- '看看'은 '看 kàn 보다'를 중첩으로 써서 '좀 봐'라는 의미가 된다. 여기서는 '의사 좀 봐' 즉, '진찰 좀 받아 봐'라는 뜻이 된다.
  → 'kàn'이 중첩이 되면, 뒤에 오는 'kàn'은 경성이 되어 'kànkan'이 된다.

护士说：他感冒了，要休息。
Hùshi shuō: Tā gǎnmào le, yào xiūxi.
그는 감기 걸렸고 쉬어야 한다고 간호사가 말했습니다.

护士 [L6]   说：   他 [L1]   ⁶感冒   了   要 [L9]   ¹⁴休息
간호사   말하다   그   감기 걸리다   (완료)   필요하다   쉬다

- '说 shuō'는 '말하다'라는 뜻으로, '护士说'는 '护士说了 hùshi shuō le'라고 해도 같은 뜻이 된다. '了'가 들어가므로 '말했었다'는 말을 더 강조해 줄 수 있다.

我头疼，没有胃口。 저는 머리가 아프고 식욕이 없습니다.
Wǒ tóuténg, méiyǒu wèikǒu.

我 [L1]   ¹⁶头   ¹⁷疼   没有 [L4]   ¹⁰胃口
나   머리   아프다   없다   식욕

실전을 통한 자연스러운 회화연습

1 열이 있는 사람과의 대화

A : 你 ☐ ☐ 了? 왜 그러세요?
   Nǐ zěnme le?

B : 我有点(儿)发烧。 제가 열이 좀 나는데요.
   Wǒ yǒudiǎn(r) fāshāo.

A : 吃 ☐ 了吗? 약 드셨어요?
   Chī yào le ma?

B : 还没有。 아직요.
   Hái méiyǒu.

2 환자의 병실을 물어 볼 때

A : 病人是 ☐ ☐ ☐ 住院的? 환자는 언제 입원한 건가요?
   Bìngrén shì shénme shíhou zhùyuàn de?

B : 昨天晚上。 어제 밤에요.
   Zuótiān wǎnshang.

A : 几号病房? 몇 호 실입니까?
   Jǐ hào bìngfáng?

B : ☐ ☐ 说 : 七号病房。
   7호실이라고 간호사가 말했습니다.
   Hùshi shuō : Qī hào bìngfáng.

3 진찰 받은 사람과의 대화

A : 你看医生了吗? 진찰 받았어요?
Nǐ kàn yīshēng le ma?

B : 看了。 네, 진찰 받았습니다.
Kàn le.

A : ☐☐说什么? 의사가 뭐라 하던가요?
Yīshēng shuō shénme?

B : 医生说：在家多休息、多喝☐☐。
Yīshēng shuō : Zài jiā duō xiūxi, duō hē rèshuǐ.
집에서 많이 쉬고, 뜨거운 물을 많이 마시라고 합니다.

4 감기 걸린 사람과의 대화

A : 你哪儿不舒服？ 어디가 편찮으세요?
Nǐ nǎr bù shūfu?

B : 我☐☐了。 저 감기 걸렸어요.
Wǒ gǎnmào le.

A : 明天我带你去☐☐。
내일 제가 병원에 데리고 갈게요.
Míngtiān wǒ dài nǐ qù yīyuàn.

B : 明天我想在家休息。
내일 집에서 쉬고 싶은데요.
Míngtiān wǒ xiǎng zài jiā xiūxi.

연습문제를 통한 확인학습

1 병음을 보고 단어를 적어 봅시다.

❶ fāshāo → ☐ ☐   ❷ yào → ☐

❸ késou → ☐ ☐   ❹ lèi → ☐

2 발음을 듣고, 한자와 병음을 적어 봅시다.

❶ ☐ ☐ → _____   ❷ ☐ ☐ → _____

❸ ☐ → _____   ❹ ☐ ☐ → _____

3 우리말에 맞게 중국어를 적어 봅시다.

❶ 제 친구는 입원했습니다.
_____

❷ 실례지만, 병실이 몇 호입니까?
_____

❸ 그는 주사 맞는 것을 싫어합니다.
_____

❹ 그녀가 너무 피곤했기 때문에 병이 났습니다.
_____

칼럼을 통해 배우는 차이나는 중국

중국의 명절과 기념일

양력 설	1월 1일 (1/1)	元旦 [Yuándàn]
음력 설	(음) 1월 1일 ((음)1/1)	春节 [Chūnjié]
발렌타인데이	2월 14일 (2/14)	情人节 [Qíngrénjié]
만우절	4월 1일 (4/1)	愚人节 [Yúrénjié]
한식	4월 5일 (4/5)	清明节 [Qīngmíngjié]
노동절	5월 1일 (5/1)	劳动节 [Láodòngjié]
어머니 날	5월 2번째 일요일	母亲节 [Mǔqīnjié]
아버지 날	6월 3번째 일요일	父亲节 [Fùqīnjié]
어린이 날	6월 1일 (6/1)	儿童节 [Értóngjié]
단오	(음) 5월 5일 ((음)5/5)	端午节 [Duānwǔjié]
추석	(음) 8월 15일 ((음)8/15)	中秋节 [Zhōngqiūjié]
스승의 날	9월 10일 (9/10)	教师节 [Jiàoshījié]
성탄절	12월 25일 (12/25)	圣诞节 [Shèngdànjié]

Lesson 14

附近有书店吗?
Fùjìn yǒu shūdiàn ma?
근처에 서점이 있습니까?

❶	附近	fùjìn	근처, 부근
❷	一直	yìzhí	곧바로, 쭉~, 계속
❸	马路	mǎlù	큰길, 대로
❹	开车	kāi chē	운전하다
❺	路	lù	노선
❻	往	wǎng	~쪽으로, ~을 향해
❼	拐	guǎi	돌아가다, 방향을 바꾸다
❽	走	zǒu	걷다, 걸어가다, 떠나다
❾	坐	zuò	타다, 앉다
❿	过	guò	건너다, 지나다

⑪	离	lí	~로부터, ~까지, ~에서
⑫	就	jiù	곧, 즉시, 바로, 당장
⑬	好像	hǎoxiàng	마치 ~와 같다
⑭	飞机场	fēijīchǎng	공항
⑮	站	zhàn	~역, 정거장, 서다
⑯	书店	shūdiàn	서점
⑰	到	dào	도착하다, ~에 이르다
⑱	十字路口	shízìlùkǒu	사거리
⑲	从…到	cóng…dào	~부터 ~까지
⑳	还是…吧	háishi…ba	~하는 편이 더 좋겠다, 그냥 ~하는 게 났겠다

Lesson 14에서는 길과 교통 관련 표현을 중심으로 배워보도록 합시다.
본격적인 학습에 들어가기 전에 우선 위의 단어를 암기해 주세요.

주요 단어가 만들어 낸 문장

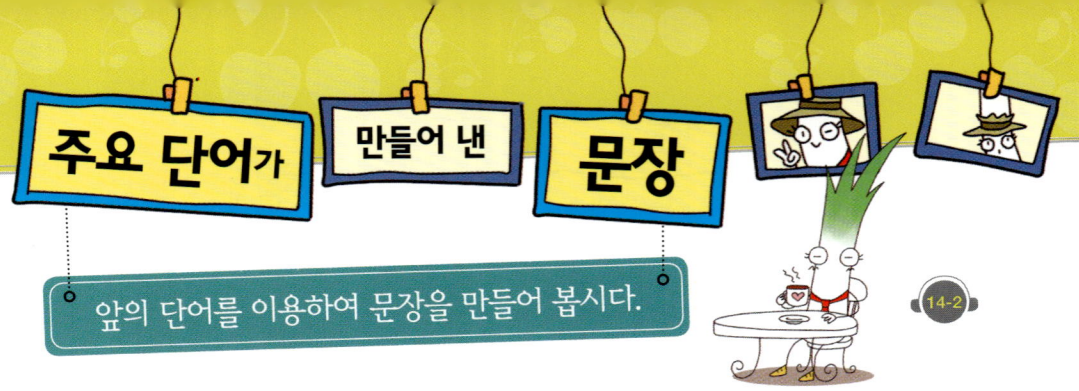

앞의 단어를 이용하여 문장을 만들어 봅시다.

请问，附近有书店吗？ 말씀 좀 묻겠습니다. 근처에 서점이 있습니까?
Qǐngwèn, fùjìn yǒu shūdiàn ma?

请问 [L2] 附近 [1] 有 [L4] 书店 [16] 吗 [L1]
말씀 좀 묻겠습니다 근처 있다 서점 ~입니까?

- '请问'은 누군가에게 질문하기 전에 쓰는 '실례합니다'로 해석해도 된다.

离这儿远吗？ 여기에서 멉니까?
Lí zhèr yuǎn ma?

离 [11] 这儿 [L5] 远 [L5] 吗 [L1]
~에서 여기 멀다 ~입니까?

- 'A 离 B' 형식은 'B에서(로부터) A'라는 뜻인데, 위의 문장에서는 A가 생략되었다.

在哪儿过马路？ 어디서 건너요?
Zài nǎr guò mǎlù?

在 [L5] 哪儿 [L5] 过 [10] 马路 [3]
~에 있다 어디 건너다 대로

往哪儿走? 어느 쪽으로 가야 합니까?
Wǎng nǎr zǒu?

⁶ 往　哪儿 [L5]　⁸ 走
~쪽으로　어느　걷다

你开还是我开? 당신이 운전할래요? 아니면 내가 운전할까요?
Nǐ kāi háishi wǒ kāi?

你 [L1]　⁴ 开　还是 [L8]　我 [L1]　⁴ 开
당신　운전하다　아니면　나　운전하다

- '운전하다'라는 뜻의 '开车'의 '车'는 생략될 수 있다. 중국인들은 생략할 수 있는 것은 생략해서 말하는 경향이 있으므로 주의하자.

你家附近有地铁吗? 당신 집 근처에 전철이 있습니까?
Nǐ jiā fùjìn yǒu dìtiě ma?

你 [L1]　家 [L6]　¹ 附近　有 [L4]　地铁　吗 [L1]
당신　집　부근　있다　전철　~입니까?

- '地铁 dìtiě'는 '전철'이라는 뜻이다. 위의 문장에서 '전철이 있느냐?'라는 것은 '전철역이 있느냐?'라는 뜻이므로, '你家附近有地铁站吗? Nǐ jiā fùjìn yǒu dìtiězhàn ma? 당신 집 근처에 지하철역이 있습니까?'라고 해도 같은 의미이다.

155

주요 단어가 만들어 낸 문장

你坐什么去(飞)机场? 당신은 무엇을 타고 공항에 갑니까?
Nǐ zuò shénme qù (fēi) jīchǎng.

你 L1	⁹坐	什么 L2	去 L3	¹⁴(飞)机场
당신	타다	무슨	가다	공항

- '飞机场' 보다 주로 '机场'이라고 한다.

车站很远，我们开车去吧。 정거장이 너무 머니, 우리 차 갖고 갑시다.
Chēzhàn hěn yuǎn, wǒmen kāi chē qù ba.

¹⁵车站	很 L1	远 L5	我们 L1	⁴开车	去 L3	吧 L2
정거장	매우	멀다	우리들	운전하다	가다	~자

- '车'는 '차'를 의미하고, '站'은 '~역, 정거장'을 의미하므로, '车站'이라고 하면, 차가 서는 '역, 정거장, 터미널'을 의미한다.
- '우리 운전해서 가자.'라는 것은 '우리 차 갖고 가자.'란 뜻이 된다.

好像坐七路公共汽车去医院。 병원에 가는데 7번 버스 타는 거 같아요.
Hǎoxiàng zuò qī lù gōnggòngqìchē qù yīyuàn.

¹³好像	⁹坐	七路	公共汽车	去 L3	医院 L13
마치~와 같다	타다	7번	버스	가다	병원

- '公共汽车 gōnggòngqìchē'는 '버스'를 말한다.
  → 교통수단 관련어휘는 p.101 칼럼 참조

从这儿一直往前走，到十字路口往右拐。
Cóng zhèr yìzhí wǎng qián zǒu, dào shízìlùkǒu wǎng yòu guǎi.
여기서 쭉 직진하시고 사거리에서 오른쪽으로 꺾으세요.

[19] 从 这儿 [L5]　[2] 一直　[6] 往 前 [L5]　[8] 走　[17] 到
~에서 여기　　　쭉　　~쪽으로 앞　　걷다　도착하다

[18] 十字路口　[6] 往 右 [L5]　[7] 拐
사거리　　　~쪽으로 오른쪽　꺾어서 돌다

还是去机场吃午饭吧。 공항에 가서 점심을 먹는 것이 좋겠습니다.
Háishi qù jīchǎng chī wǔfàn ba.

[20] 还是　去 [L3]　[14] 机场　吃 [L7]　午饭 [L7]　[20] 吧
~하는 편이 좋다 가다　공항　먹다　점심밥　~라

一直走就到了。 쭉 가시면 됩니다.
Yìzhí zǒu jiù dào le.

[2] 一直　[8] 走　[12] 就　[17] 到 了 [L6]
쭉~　걷다　바로　도착하다 (완료)

* '쭉 가면 바로 도착한다.' 즉, '쭉 가면 된다'란 뜻이다.

실전을 통한 자연스러운 회화연습

1 집과 서점까지의 거리를 말할 때

A: 书店 ☐ 你家远吗?
당신 집에서 서점까지 멉니까?
Shūdiàn lí nǐ jiā yuǎn ma?

B: 好像不太远。
별로 멀지 않은 것 같은데요.
Hǎoxiàng bú tài yuǎn.

2 할머니 댁을 설명할 때

A: 奶奶家在哪儿? 할머니 집은 어디에 있습니까?
Nǎinai jiā zài nǎr?

B: 从这儿 ☐ ☐ 往前走。 여기서(부터) 쭉 앞으로 가시면 됩니다.
Cóng zhèr yìzhí wǎng qián zǒu.

A: 走到哪儿? 어디까지 가나요?
Zǒu dào Nǎr?

B: 走到 ☐ ☐ ☐ ☐ 往右拐就到了。
사거리까지 가셔서 오른쪽으로 꺾어서 돌면 바로 도착합니다.
Zǒu dào shízìlùkǒu wǎng yòu guǎi jiù dào le.

3 어디서 차를 탔는지 묻고 답할 때

A : 你在哪儿坐的(车)?
어디서 (차를) 타셨어요?
Nǐ zài nǎr zuò de (chē)?

B : ☐ 在这儿坐的(车)。
바로 여기서 (차를) 탔어요.
Jiù zài zhèr zuò de (chē).

4 공항까지 어떻게 갈 지 말할 때

A : ☐☐ 离这儿不近。 여기에서 공항은 가깝지 않습니다.
Jīchǎng lí zhèr bú jìn.

B : 是吗? 그래요?
Shì ma?

A : 我们坐 ☐☐☐ 去吧。 우리 택시 타고 가죠.
Wǒmen zuò chūzūqìchē qù ba.

B : 还是开车去吧。 그냥 차를 가져갑시다.
Háishi kāichē qù ba.

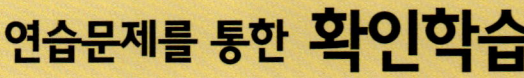

1 병음을 보고 단어를 적어 봅시다.

❶ hǎoxiàng ➡ ☐☐   ❷ fùjìn ➡ ☐☐

❸ jiù ➡ ☐   ❹ lí ➡ ☐

2 발음을 듣고, 한자와 병음을 적어 봅시다.

❶ ☐ ➡ ___   ❷ ☐ ➡ ___   ❸ ☐ ➡ ___

❹ ☐☐☐☐ ➡ ___

3 우리말에 맞게 중국어를 적어 봅시다.

❶ 사거리에서 오른쪽으로 꺾으세요.

❷ 이 근처에 아무것도 없습니다.

❸ 여동생 집은 공항 옆입니다.

❹ 이 근처에는 서점이 없는 것 같습니다.

칼럼을 통해 배우는 차이나는 중국

★ 〈양력 설을 '元旦'이라고 부르는 이유〉/〈'元旦'의 유래〉

'元'은 '시작', '처음'이란 뜻이고, '旦'은 상형문자(象形文字)로 위의 '日'는 '태양'을 뜻하고, 아래의 '一'는 '지평선'을 뜻하므로 '둥근 태양이 지평선에서 서서히 떠오른다'해서 하루의 시작을 상징한다. 1911년 신해혁명(辛亥革命) 후 봄(春), 여름(夏), 가을(秋), 겨울(冬) 네 절기(四节) 즉, 元旦(원단)을 춘절(春节), 端午(단오)를 하절(夏节), 中秋(중추)는 추절(秋节), 冬至(동지)를 동절(冬节)이라고 정했다. 이에 따라 춘절(春节)이 음력 1월 1일의 명칭이 되었고, 양력 1월 1일을 '新年[xīnnián]'이라 불렀다. 1949년 9월 27일 중국인민정치협회에서 '公元纪年法(서력기원법)'을 사용하여 양력 1월 1일을 '元旦'으로 규정하고, 현재 중국대륙이나 대만에서 모두 사용하고 있다. 또한 '春节'는 설날을 뜻하고, 우리가 흔히 '설을 쇠다', '설을 지나다', '해를 보내다'의 의미로 회화체에서 '过年[guònián]'이라 한다.

★ 청명절

이날부터 날이 풀리기 시작해 화창해지기 때문에 청명(清明)이라고 한다. 청명절(清明节)은 중국 주(周)나라 때에 시작되어 이미 2500여년의 역사를 지니고 있다. 청명(清明)은 24절기 중 하나로 계절과 기온, 강우의 변화를 반영하므로 '봄갈이, 파종'하기 가장 좋은 때로 옛 사람들은 이때 농사일을 계획했다. 청명의 다음 날이었던 한식(寒食)에는 민간인들이 부엌에 불 때는 일을 금하고, 성묘를 했다. 청명(매년 4월 5일)과 한식이 가깝다 보니 점차 한식과 청명을 하루로 합치게 되었고, 한식(寒食)은 청명의 별칭(別称)이 되었다. 오늘날 청명절(清明节)은 선조들에게 제사를 지내는 날로, 성묘를 하거나 추모의식을 진행하면서 조상께 경건하게 예(礼)를 다한다.

Lesson 15

你每天运动吗?
Nǐ měitiān yùndòng ma?
당신은 매일 운동을 합니까?

❶	每天	měitiān	매일
❷	运动	yùndòng	운동
❸	一起	yìqǐ	함께, 같이
❹	非常	fēicháng	굉장히, 대단히
❺	周末	zhōumò	주말
❻	打	dǎ	(운동)하다, 때리다
❼	踢	tī	(발로)차다, 발길질하다
❽	会	huì	(배워서) ~할 줄 알다, ~할 수 있다 (미래) ~할 것이다
❾	可是	kěshì	그러나, 하지만
❿	能	néng	(가능여부) ~할 수 있다, 할 줄 알다

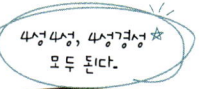

4성4성, 4성경성 모두 된다.

⑪	外面(儿)	wàimian(r) / wàimiàn	바깥, 곁
⑫	骑	qí	(자전거, 말 등)타다
⑬	流汗	liúhàn	땀을 흘리다
⑭	楼 / 层	lóu / céng	건물, 층 / 층, 겹
⑮	做	zuò	하다, 만들다, ~노릇을 하다 …
⑯	干	gàn	(~일을)하다, 담당하다, 종사하다
⑰	作业	zuòyè	숙제, 과제
⑱	几乎	jīhū	거의
⑲	健身房	jiànshēnfáng	헬스클럽, 체육관
⑳	跑步	pǎobù	달리기, 구보

Lesson 15에서는 운동과 관련된 표현을 중심으로 배워보도록 합시다.
본격적인 학습에 들어가기 전에 우선 위의 단어를 암기해 주세요.

주요 단어가 만들어 낸 문장

앞의 단어를 이용하여 문장을 만들어 봅시다.

你每天运动吗? 당신은 매일 운동합니까?
Nǐ měitiān yùndòng ma?

你 [L1]　每天　运动　吗 [L1]
당신　매일　운동　~입니까?

健身房在几楼? 헬스클럽은 몇 층에 있습니까?
Jiànshēnfáng zài jǐ lóu?

健身房　在 [L5]　几 [L3]　楼
헬스클럽　~에 있다　몇　층

你能去吗? 당신은 갈 수 있습니까?
Nǐ néng qù ma?

你 [L1]　能　去 [L3]　吗 [L1]
당신　~할 수 있다　가다　~입니까?

你周末干什么? 당신은 주말에 무엇을 합니까?
Nǐ zhōumò gàn shénme?

你 [L1] ⁵周末 ¹⁶干 什么 [L2]
당신　　주말　　하다　무엇

- 你在干什么? Nǐ zài gàn shénme?
  ① 너 뭐하고 있니? → 뭐하고 있는지 궁금할 때 사용한다. (통화할 때도 포함)
  ② 너 뭐 하는 짓이야? 너 뭐 하는 거니? → 상대방이 실연 당했거나 속상해서 황당하거나 당혹스런 행동을 했을 때 주로 사용한다.
- 你在做什么? Nǐ zài zuò shénme?
  ① 너 뭐하고 있니? → 위 문장의 ①번과 같은 뜻이다. 단, '干'은 '做'보다 더 포괄적인 의미이므로 평소에 많이 사용한다.
  ② 너 뭐 만들고 있니? → '做'는 '만들다, 짓다, 제조하다, ~하다, 맡다, ~이 되다' 등으로 해석된다.
  예) 做饭 zuò fàn 밥을 짓다   做哥哥的 zuò gēge de 형이 돼서…

你不要跑步，骑自行车吧。你会骑吗?
Nǐ bú yào pǎobù, qí zìxíngchē ba. Nǐ huì qí ma?
뛰지 말고 자전거 타시죠. 탈 줄 아세요?

你 [L1] 不 [L2] 要 [L9] ²⁰跑步 ¹²骑 自行车 吧 [L2]
당신　(부정)　필요하다　달리다　~타다　자전거　~죠

你 [L1] ⁸会 ¹²骑 吗 [L1]
당신　~할 줄 알다　~타다　~입니까?

流了很多汗。 땀을 많이 흘렸어요.
Liú le hěn duō hàn.

---

¹³流 了 很 [L1] 多 [L8] ¹³汗
흘리다 (완료)　매우　많다　땀

주요 단어가 만들어 낸 문장

对不起，明天不能和你们一起去健身房。
Duìbuqǐ, míngtiān bù néng hé nǐmen yìqǐ qù jiànshēnfáng.
미안해요, 내일 당신들과 같이 헬스클럽에 못 가요.

- 对不起 [L4] 미안합니다
- 明天 [L3] 내일
- 不 [L2] (부정)
- ⑩ 能 ~할 수 있다
- 和 [L2] ~와
- 你们 [L1] 당신들
- ③ 一起 함께
- 去 [L3] 가다
- ⑲ 健身房 헬스 클럽

他非常喜欢踢足球。 그는 축구를 굉장히 좋아합니다.
Tā fēicháng xǐhuan tī zúqiú.

- 他 [L1] 그
- ④ 非常 굉장히
- 喜欢 [L11] 좋아하다
- ⑦ 踢 차다
- 足球 축구

• 여기서 '踢'를 생략해도 되나 '踢'를 넣으므로 '축구 하는 것'을 좋아한다는 의미가 들어간다.
→ 운동 관련어휘는 p.171 칼럼 참조

他几乎每天在家做作业。 그는 거의 매일 집에서 숙제를 합니다.
Tā jīhū měitiān zài jiā zuò zuòyè.

- 他 [L1] 그
- ⑱ 几乎 거의
- ① 每天 매일
- 在 [L5] ~에서
- 家 [L6] 집
- ⑮ 做 하다
- ⑰ 作业 숙제

我弟弟一点儿都不会。 제 남동생은 조금도 할 줄 모릅니다.
Wǒ dìdi yìdiǎnr dōu bú huì.

我 [L1] 弟弟 [L1] 一点儿 [L9] 都 [L1] 不 [L2] ⁸会
나　　남동생　　조금　　모두　(부정)　할 줄 안다

- 여기의 '会'는 '(배워서) ~할 줄 알다'의 뜻이다.
  - 예) 一点儿都不会。Yìdiǎnr dōu bú huì. = 一点儿也不会。Yìdiǎnr yě bú huì.
    조금도 할 줄 모른다.
    一点儿都不吃。Yìdiǎnr dōu bù chī. = 一点儿也不吃。Yìdiǎnr yě bù chī. 조금도 먹지 않는다.
  - Tip. 什么都会。Shénme dōu huì. 아무거나 다 잘해요. 뭐든지 다 잘해요.
    什么都不会。Shénme dōu bú huì. 할 줄 아는 게 아무것도 없어요.
    什么都吃。Shénme dōu chī. 아무거나 다 잘 먹어요. 뭐든지 다 잘 먹어요.
    什么都不吃。Shénme dōu bù chī. 아무것도 안 먹어요.

明天我不去，可是我妹妹会去。
Míngtiān wǒ bú qù, kěshì wǒ mèimei huì qù.
내일 저는 안가요, 그러나 제 여동생은 갈 겁니다.

明天 [L3] 我 [L1] 不 [L2] 去 [L3] ⁹可是 我 妹妹 [L1] ⁸会 去
내일　　나　(부정)　가다　　그러나　나　여동생　~할 수 있다　가다

- 여기의 '会'는 '(미래) ~할 것이다'의 뜻이다.

我们去外面(儿)打篮球吧。 우리 밖에 나가 농구 합시다.
Wǒmen qù wàimiàn(r) dǎ lánqiú ba.

我们 [L1] 去 [L3] ¹¹外面(儿) ⁶打 篮球 吧 [L2]
우리들　가다　　바깥　　하다　농구　~죠

167

실전을 통한 자연스러운 회화연습

1 테니스를 칠 줄 아는 남동생

A : 你明天来吗? 내일 오세요?
Nǐ míngtiān lái ma?

B : 明天我不去，☐☐我弟弟会去。
Míngtiān wǒ bú qù, kěshì wǒ dìdi huì qù.
내일 저는 안 가요, 그런데 남동생이 갈 거에요.

A : 你弟弟会打☐☐吗?
당신 남동생은 테니스를 칠 줄 압니까?
Nǐ dìdi huì dǎ wǎngqiú ma?

B : 好像会一点儿。
조금 할 줄 아는 거 같아요.
Hǎoxiàng huì yìdiǎnr.

2 좋아하는 운동에 관해 이야기 할 때

A : 他喜欢什么☐☐? 그는 무슨 운동을 좋아하나요?
Tā xǐhuan shénme yùndòng?

B : 他☐☐喜欢跑步。 그는 달리기를 무척 좋아합니다.
Tā fēicháng xǐhuan pǎobù.

你呢? 당신은요?
Nǐ ne?

A : 我喜欢踢☐☐。
저는 축구 하는 것을 좋아합니다.
Wǒ xǐhuan tī zúqiú.

3 숙제는 내일로 미루고 운동하러 가자고 할 때

A : 我们去流流☐吧。 우리 땀 좀 빼러 갑시다.
　　Wǒmen qù liúliuhàn ba.

B : 可是☐☐没做完呢。
　　그런데 숙제를 다 못했는데요.
　　Kěshì zuòyè méi zuòwán ne.

A : ☐☐☐，明天是星期天。
　　괜찮아요, 내일 일요일이에요.
　　Méiguānxi, míngtiān shì xīngqītiān.

4 자전거 타는 사람과 달리는 사람

A : 今天天气很好。 오늘 날씨 좋습니다.
　　Jīntiān tiānqì hěn hǎo.

B : 我们☐☐到外面(儿)骑自行车，怎么样?
　　Wǒmen yìqǐ dào wàimiàn(r) qí zìxíngchē, zěnmeyàng?
　　우리 같이 자전거 타러 밖에 나가는 건 어때요?

A : 你骑自行车，我跑步，怎么样?
　　Nǐ qí zìxíngchē, wǒ pǎobù, zěnmeyàng?
　　당신은 자전거 타고, 저는 달릴게요. 어때요?

B : 还是你骑☐☐☐，我跑步吧。
　　Háishi nǐ qí zìxíngchē, wǒ pǎobù ba.
　　당신이 그냥 자전거 타고, 제가 뛰죠.

연습문제를 통한 확인학습

1 병음을 보고 단어를 적어 봅시다.

❶ pǎobù ➜ ☐ ☐   ❷ tī ➜ ☐

❸ měitiān ➜ ☐ ☐   ❹ néng ➜ ☐

2 발음을 듣고, 한자와 병음을 적어 봅시다.

❶ ☐ ☐ ➜ _____   ❷ ☐ ☐ ➜ _____

❸ ☐ ☐ ➜ _____   ❹ ☐ ☐ ➜ _____

3 우리말에 맞게 중국어를 적어 봅시다.

❶ 제 친구는 수영을 할 줄 모릅니다.

_____

❷ 그녀는 매일 수영하러 갈 수가 없습니다.

_____

❸ 제 아버지는 축구하는 것을 굉장히 좋아합니다.

_____

❹ 그는 거의 매일 운동합니다.

_____

170 ★ Lesson 15

Lesson 16

换钱要带护照。
Huàn qián yào dài hùzhào.
돈을 바꾸려면 여권을 가져가야 합니다.

❶	换	huàn	바꾸다, 교환하다, (옷을)갈아입다
❷	取	qǔ	뽑다, (맡긴 것을)찾다, 고르다
❸	数	shǔ	세다
❹	别	bié	~하지 마라
❺	忘	wàng	잊다, 잊어버리다
❻	丢	diū	잃어버리다, 던지다
❼	花	huā	소비하다, 쓰다
❽	完	wán	끝나다
❾	光	guāng	조금도 남지 않다, 다 써버리다
❿	护照	hùzhào	여권

热烈欢迎各位专家教授参观蒲松龄故居

⑪	钱包	qiánbāo	지갑
⑫	现金	xiànjīn	현금
⑬	支票	zhīpiào	수표
⑭	硬币	yìngbì	동전
⑮	账号	zhànghào	계좌번호
⑯	美元 / 美金	Měiyuán / Měijīn	달러
⑰	人民币	rénmínbì	인민페(중국화폐)
⑱	信用卡	xìnyòngkǎ	신용카드
⑲	身份证	shēnfenzhèng	신분증
⑳	存(款)折(子)	cún(kuǎn)zhé(zi)	예금통장

Lesson 16에서는 돈과 관련된 표현을 배워보도록 합시다.
본격적인 학습에 들어가기 전에 우선 위의 단어를 암기해 주세요.

앞의 단어를 이용하여 문장을 만들어 봅시다.

你有人民币吗? 당신은 중국(인민폐)돈 있습니까?
Nǐ yǒu rénmínbì ma?

你 [L1] 有 [L4] 17 人民币 吗 [L1]
당신   있다   인민폐   ~입니까?

这是谁的信用卡? 이것은 누구의 신용카드입니까?
Zhè shì shéi de xìnyòngkǎ?

这 [L4] 是 [L2] 谁 [L2] 的 [L4] 18 信用卡
이   ~은~이다   누구   ~의   신용카드

我忘了我的账号。 저는 제 계좌번호를 잊어버렸습니다.
Wǒ wàng le wǒ de zhànghào.

我 [L1] 5 忘 了 [L6] 我 的 [L4] 15 账号
나   잊다(완료)   나   ~의   계좌번호

174 ★ Lesson 16

你数一数吧。 좀 세어 보세요.
Nǐ shǔ yi shǔ ba.

你 [L1]　数 一 数　吧 [L2]
너　　좀 세어 보다　~라

- 중첩된 동사 사이에 '一'가 들어가면 '좀 ~해보다'라는 뜻이 된다.
  → 자세한 사항은 단어장 p.15 19번 참조

完了完了，他的信用卡丢了。
Wán le wán le, tā de xìnyòngkǎ diū le.
큰일났습니다, 큰일났습니다 그는 신용카드를 잃어버렸습니다.

完了　完了　他 [L1]　的 [L4]　信用卡　丢 了 [L6]
큰일났다　큰일났다　그　의　신용카드　잃어버리다 (완료)

- '完了完了 끝났다, 끝났다'는 '큰일났다'는 뜻이다.
- '他的信用卡丢了'하면 '그의 신용카드가 없어졌다'란 뜻이고, '他丢了信用卡'하면 '그는 잃어버렸다 신용카드를'이 된다. 결국 둘 다 '그는 신용카드를 잃어 버렸다'라는 뜻이 되는데, 차이점은 중국어 문장에서는 앞에 나오는 단어가 더 강조된다는 것이다. 예를 들면, '他的信用卡丢了.'라고 하면 '信用卡'가 강조된 것이고, '他丢了信用卡.'라고 하면 '丢了'가 강조된 것이다.

去美国要有美元。 미국 가려면 달러가 있어야 합니다.
Qù Měiguó yào yǒu měiyuán.

去 [L3]　美国 [L8]　要 [L9]　有 [L4]　美元
가다　미국　필요하다　있다　달러

주요 단어가 만들어 낸 문장

我现在去银行取钱。 저 지금 돈 찾으러 은행가요.
Wǒ xiànzài qù yínháng qǔ qián.

我 [L1] 现在 [L7] 去 [L3] 银行 [L5] ② 取 钱 [L9]
나   지금   가다   은행   찾다 돈

我的钱包丢了。 저는 지갑을 잃어버렸습니다.
Wǒ de qiánbāo diū le.

我 [L1] 的 [L6] ⑪ 钱包 ⑥ 丢 了 [L6]
나   의   지갑   잃어버리다 (완료)

- '我丢钱包了。Wǒ diū qiánbāo le. 나 잃어버렸어 지갑을.'이라고 순서를 바꾸어 말해도 의미상으로는 크게 차이는 없다. 이처럼, 중국어에서는 순서가 바뀌어도 가능한 문장들이 있는데, 차이는 앞에 나오는 것이 강조되는 것이다. 즉, '我的钱包丢了'는 '지갑'을 강조하는 것이고, '我丢钱包了'하면 '잃어버린 것'이 강조가 된다.
- 我的钱包丢了 = 我丢钱包了 = 我丢了钱包

花光了。 (돈) 다 썼어요.
Huā guāng le.

⑦ 花 ⑨ 光 了 [L6]
소비하다 다써버리다 (완료)

- '花完了。Huā wán le.'도 같은 뜻이다. 단 '花完了'는 '다 썼다'의 의미라면 '花光了'는 '다 써서 비어 있는 상태' 즉, '빈털털이'라는 의미가 강하다.

我没有现金，有支票和几个硬币。
Wǒ méiyǒu xiànjīn, yǒu zhīpiào hé jǐ ge yìngbì.
저는 현금이 없고, 수표와 동전 몇 개 있습니다.

我 [L1]	没有 [L4]	12 现金	有 [L4]	13 支票	和 [L2]	几 [L3]	个 [L4]	14 硬币
나	없다	현금	있다	수표	와	몇	개	동전

换钱要带护照。 돈을 바꾸려면 여권을 가져가야 합니다.
Huàn qián yào dài hùzhào.

1 换	钱 [L9]	要 [L9]	带 [L12]	10 护照
바꾸다	돈	필요하다	지니다	여권

- 换钱要有护照。 Huànqián yào yǒu hùzhào. 돈을 바꾸려면 여권이 있어야 합니다.

别忘了，带身份证和存折。
Bié wàng le, dài shēnfenzhèng hé cúnzhé.
신분증과 예금통장 가져오는 거 잊지 마세요.

4 别	5 忘	了 [L6]	带 [L12]	19 身份证	和 [L2]	20 存折
~하지마라	잊다	(완료)	지니다	신분증	과	예금통장

177

실전을 통한 자연스러운 회화연습

1 신용카드가 없으졌다며 호들갑 떠는 사람

A: 完了完了。 큰일났어요, 큰일났어요.
Wán le wán le.

我的 ☐☐☐ 丢了。 제 신용카드가 없어졌어요.
Wǒ de xìnyòngkǎ diū le.

B: 这是谁的信用卡? 이건 누구의 신용카드예요?
Zhè shì shéi de xìnyòngkǎ?

A: 是我的, ☐☐。
제 겁니다. 고마워요.
Shì wǒ de, xièxie.

2 환전하러 갈 때

A: ☐☐☐花完了。 인민폐(중국돈) 다 썼어요.
Rénmínbì huā wán le.

B: 我们去☐☐换钱吧。 우리 환전하러 은행 가죠.
Wǒmen qù yínháng huàn qián ba.

A: 去银行☐☐需要什么? 은행에서 환전하려면 뭐가 필요합니까?
Qù yínháng huàn qián xūyào shénme?

B: 需要带☐☐和☐☐☐。 여권과 신분증을 가져가야 합니다.
Xūyào dài hùzhào hé shēnfenzhèng.

3 은행가는 사람에게 한 마디

A : 你的 ☐☐ 是多少？ 당신의 계좌번호는 몇 번입니까?
Nǐ de zhànghào shì duō shao?

B : 我忘了。 저 잊어버렸는데요.
Wǒ wàng le.

A : 明天 ☐☐☐ 带身份证去银行。
내일 신분증 갖고 은행가는 거 잊지 마세요.
Míngtiān bié wàng le dài shēnfenzhèng qù yínháng.

B : 知道了。 알겠습니다.
Zhīdao le.

4 총 얼마인지 세어 보세요.

A : 一共 ☐☐☐ ？ 총 얼마예요?
Yígòng duōshao qián?

B : 我也不知道。 저도 몰라요.
Wǒ yě bù zhīdào.

A : 你数一数吧。 좀 세어보세요.
Nǐ shǔ yi shǔ ba.

연습문제를 통한 확인학습

1 병음을 보고 단어를 적어 봅시다.

❶ huàn ➡ ☐

❷ diū ➡ ☐

❸ xìnyòngkǎ ➡ ☐ ☐ ☐

❹ shǔ ➡ ☐

2 발음을 듣고, 한자와 병음을 적어 봅시다.

❶ ☐ ☐ ☐ ➡ _____

❷ ☐ ☐ ➡ _____

❸ ☐ ☐ ➡ _____

❹ ☐ ☐ ➡ _____

3 우리말에 맞게 중국어를 적어 봅시다.

❶ 지갑 챙기는 거 잊지 마세요.

❷ 예금통장 있습니까?

❸ 이것은 누구의 신용카드입니까?

❹ 당신은 은행에 가서 돈을 찾을 건가요? 아니면 환전을 할 건가요?

칼럼을 통해 배우는 차이나는 중국

외래어 : 外来语 [wàiláiyǔ]

칵테일	샌드위치	햄버거	스파게티
鸡尾酒 [jīwěijiǔ]	三明治 [sānmíngzhì]	汉堡包 [hànbǎobāo]	意大利面 [yìdàlìmiàn]

팩스	카네이션	초콜릿	소파
传真 [chuánzhēn]	康乃馨 [kāngnǎixīn]	巧克力 [qiǎokèlì]	沙发 [shāfā]

채널	마요네즈	핫도그	아이스크림
频道 [píndào]	蛋黄酱 [dànhuángjiàng] / 生菜酱 [shēngcàijiàng]	热狗 [règǒu]	冰淇淋 [bīngqílín]

★ **칵테일** : 영어로 Cock ⋯ '닭'이란 의미인 '鸡jī'와 Tail ⋯ '꼬리'란 의미인 '尾wěi' 그리고 술 '酒jiǔ'를 합쳐 '鸡尾酒 jīwěijiǔ'라고 한다.

★ **햄버거** : '汉堡包'라고 되어있는데, 그냥 '汉堡'라고 하는 경우도 많다.

★ **스파게티** : 이태리에서 주로 먹는 면이라 해서 나라이름 이태리(意大利 yìdàlì)+면(面 miàn)을 붙여 '意大利面 yìdàlìmiàn'이라고 한다.

★ **핫도그** : hot '뜨겁다'의 '热rè'+dog '개'의 '狗gǒu'를 합쳐 '热狗 règǒu'라고 한다.

Lesson 1

▶ 회화연습

1 你好
2 他很好 / 她也很好
3 妹妹好吗
4 哥哥好吗 / 弟弟呢

▶ 확인학습

1 ❶ 哥哥
   ❷ 我们
   ❸ 好
   ❹ 都

2 ❶ 老师 [lǎoshī]
   ❷ 姐姐 [jiějie]
   ❸ 妹妹 [mèimei]
   ❹ 也 [yě]

3 ❶ 你好!
   ❷ 你呢?
   ❸ 弟弟、妹妹他们呢?
   ❹ 我也很好。

Lesson 2

▶ 회화연습

1 您贵姓 / 王
2 请问 / 老师 / 谁 / 我
3 不太
4 学生 / 妹妹 / 姐姐

▶ 확인학습

1 ❶ 谁
   ❷ 认识
   ❸ 什么
   ❹ 高兴

2 ❶ 学校 [xuéxiào]
   ❷ 再见 [zàijiàn]
   ❸ 请问 [qǐngwèn]
   ❹ 叫 [jiào]

3 ❶ 你忙不忙?
     당신은 바쁘세요 안 바쁘세요?
   ❷ 你是学生吗?
     당신은 학생입니까?
   ❸ 谁不忙?
     누가 안 바빠요?
   ❹ 他叫什么名字?
     그의 이름은 무엇입니까?

Lesson 3

▶ 회화연습

1 明天几号
2 后天星期几
3 我十号去
4 星期天来

▶ 확인학습

1 ❶ 电影
   ❷ 昨天
   ❸ 来
   ❹ 号

2 ❶ 前天 [qiántiān]
   ❷ 后天 [hòutiān]
   ❸ 去 [qù]
   ❹ 星期六 [xīngqīliù]

3 ❶ (你)星期五忙吗?

❷ 我们明天去看电影吧。
❸ 几号去?
❹ 今天来不来?

Lesson 4

▶ 회화연습

1　那个人
2　笔 / 两
3　这是 / 不知道
4　手机 / 没有 / 弟弟 / 他也

▶ 확인학습

1　❶ 对不起
　　❷ 没有
　　❸ 书
　　❹ 哪

2　❶ 汉语 [Hànyǔ]
　　❷ 手机 [shǒujī]
　　❸ 知道 [zhīdao]
　　❹ 两 [liǎng]

3　❶ 弟弟没有韩语书。
　　❷ 这是谁的手机?
　　❸ 我有两支笔。
　　❹ 他知道什么?

Lesson 5

▶ 회화연습

1　那儿 / 这儿 / 哪儿
2　汉语书 / 对面(儿)
3　卖 / 吃的 / 商店 / 好吧

▶ 확인학습

1　❶ 在
　　❷ 买
　　❸ 银行
　　❹ 旁边

2　❶ 哪儿 [nǎr]
　　❷ 中间 [zhōngjiān]
　　❸ 对面 [duìmiàn]
　　❹ 远 [yuǎn]

3　❶ 你家对面(儿)有什么?
　　❷ 他不在这儿。
　　❸ 银行和商店很近。
　　❹ 她不在学校。

Lesson 6

▶ 회화연습

1　年级 / 初一 / 哥哥 / 大二 / 高三
2　几口人 / 五 / 都 / 奶奶 / 妈妈

▶ 확인학습

1　❶ 爷爷
　　❷ 奶奶
　　❸ 医生
　　❹ 北京

2　❶ 大夫 [dàifu]
　　❷ 爱人 [àiren]
　　❸ 公司 [gōngsī]
　　❹ 年级 [niánjí]

3　❶ 我(的)哥哥是小学老师。
　　❷ 我(的)姐姐是护士。
　　❸ 她没(有)结婚。

❹ 你(的)爱人是公司职员吗?

Lesson 7

▶ 회화연습

1　下了班 / 电影
2　在哪儿 / 在家吃饭
3　现在 / 差一刻 / 晚饭 / 半

▶ 확인학습

1　❶ 睡觉
　　❷ 晚饭
　　❸ 吃
　　❹ 差

2　❶ 现在 [xiànzài]
　　❷ 下班 [xiàbān]
　　❸ 起床 [qǐchuáng]
　　❹ 回 [huí]

3　❶ 我早上八点半上班。
　　❷ 他昨天没(有)回家。
　　❸ 现在差五分七点。
　　❹ 你晚上几点睡觉?

Lesson 8

▶ 회화연습

1　几 / 岁
2　孩子 / 男孩儿 / 一个 / 一个
3　几个小时 / 一个半小时 / 女儿 / 英语

▶ 확인학습

1　❶ 男孩儿
　　❷ 韩国
　　❸ 年纪
　　❹ 岁

2　❶ 中国 [Zhōngguó]
　　❷ 女儿 [nǚ'ér]
　　❸ 一样 [yíyàng]
　　❹ 俩 [liǎ]

3　❶ 你女儿什么时候去美国?
　　❷ 我(的)女儿和你(的)儿子一样大。
　　❸ 那男孩儿几岁? / 那男孩儿多大?
　　❹ 她比我小。

Lesson 9

▶ 회화연습

1　怎么卖 / 四斤
2　什么 / 苹果 / 有 / 两斤
3　斤 / 还
4　零钱 / 一共 / 都

▶ 확인학습

1　❶ 零钱
　　❷ 便宜
　　❸ 谢谢
　　❹ 要

2　❶ 苹果 [píngguǒ]
　　❷ 怎么 [zěnme]
　　❸ 一共 [yígòng]
　　❹ 找 [zhǎo]

3　❶ 苹果怎么卖?
　　❷ 我没有零钱。
　　❸ 你找谁? / 您找谁?
　　❹ 给谁好呢?

Lesson 10

▶ **회화연습**

1 想 / 还是
2 来 / 对不起
3 瓶 / 瓶 / 酸奶 / 啤酒
4 咖啡 / 加不加 / 糖

▶ **확인학습**

1 ❶ 啤酒
   ❷ 可乐
   ❸ 牛奶
   ❹ 瓶

2 ❶ 糖 [táng]
   ❷ 或者 [huòzhě]
   ❸ 想 [xiǎng]
   ❹ 水 [shuǐ]

3 ❶ 你要喝咖啡还是要喝茶?
   ❷ 我们喝可乐或者喝果汁吧。
   ❸ 你在想什么?
   ❹ 你要喝水吗?

Lesson 11

▶ **회화연습**

1 怎么样 / 奶奶也 / 汤 / 奶奶
2 今天 / 辣 / 你呢 / 辣
3 香水 / 一个
4 听说 / 你们 / 和 / 小时候

▶ **확인학습**

1 ❶ 喜欢
   ❷ 随便
   ❸ 咸
   ❹ 菜

2 ❶ 清淡 [qīngdàn]
   ❷ 听说 [tīngshuō]
   ❸ 涩 [sè]
   ❹ 香 [xiāng]

3 ❶ 我喜欢吃辣的，也喜欢吃甜的。
   ❷ 这(是)什么味儿?
   ❸ 随便吃点儿吧。
   ❹ 他喜欢吃韩国的方便面。

Lesson 12

▶ **회화연습**

1 天气 / 比
2 冬天 / 不怕冷
3 度 / 零下 / 一样
4 韩国 / 春天 / 秋天

▶ **확인학습**

1 ❶ 滑
   ❷ 雨伞
   ❸ 刮风
   ❹ 冬天

2 ❶ 带 [dài]
   ❷ 春天 [chūntiān]
   ❸ 雪 [xuě]
   ❹ 暖和 [nuǎnhuo]

3 ❶ 你不冷吗?
   ❷ 因为(是)夏天所以不下雪。
   ❸ 现在几度?
   ❹ 不冷也不热。

Lesson 13

▶ 회화연습

1 怎么 / 药
2 什么时候 / 护士
3 医生 / 热水
4 感冒 / 医院

▶ 확인학습

1 ❶ 发烧
   ❷ 药
   ❸ 咳嗽
   ❹ 累

2 ❶ 感冒 [gǎnmào]
   ❷ 舒服 [shūfu]
   ❸ 休息 [xiūxi]
   ❹ 医院 [yīyuàn]

3 ❶ 我(的)朋友住院了。
   ❷ 请问，几号病房？
   ❸ 他不喜欢打针。
   ❹ 因为她太累了，所以(生)病了。

Lesson 14

▶ 회화연습

1 离
2 一直 / 十字路口
3 就
4 机场 / 出租汽车

▶ 확인학습

1 ❶ 好像
   ❷ 附近
   ❸ 就
   ❹ 离

2 ❶ 站 [zhàn]
   ❷ 到 [dào]
   ❸ 坐 [zuò]
   ❹ 十字路口 [shízìlùkǒu]

3 ❶ 在十字路口往右拐。
   ❷ 这附近什么都没有。
   ❸ 妹妹家在(飞)机场旁边。
   ❹ 这附近好像没有书店。
      好像这附近没有书店。

Lesson 15

▶ 회화연습

1 可是 / 网球
2 运动 / 非常 / 足球
3 汗 / 作业 / 没关系
4 一起 / 自行车

▶ 확인학습

1 ❶ 跑步
   ❷ 踢
   ❸ 每天
   ❹ 能

2 ❶ 周末 [zhōumò]
   ❷ 一起 [yìqǐ]
   ❸ 可是 [kěshì]
   ❹ 作业 [zuòyè]

3 ❶ 我(的)朋友不会游泳。
   ❷ 她不能每天去游泳。
   ❸ 我(的)爸爸非常喜欢踢足球。
   ❹ 他几乎每天运动。

Lesson 16

▶ **회화연습**

1 信用卡 / 谢谢
2 人民币 / 银行 / 换钱 / 护照 / 身份证
3 账号 / 别忘了
4 多少钱

▶ **확인학습**

1 ❶ 换
   ❷ 丢
   ❸ 信用卡
   ❹ 数

2 ❶ 人民币 [rénmínbì]
   ❷ 护照 [hùzhào]
   ❸ 身份证 [shēnfenzhèng]
   ❹ 账号 [zhànghào]

3 ❶ 别忘了，带钱包。
   ❷ (你)有存折吗?
   ❸ 这是谁的信用卡?
   ❹ 你去银行取钱还是去银行换钱?
      你去银行取钱还是换钱?

저자

파회원

- 연세대학교 교육학 전공
  연세대학교 중어중문학 부전공
  이화여자대학원 중국어교육학 전공
- 1990년부터 현재까지 외국어학원(종로학원, YMB 중국어학원)을 비롯하여 대학과 각종 기업에서 중국어 강의를 하고 있으며, 기업 및 공공 기관의 수행통역 일을 함께 하고 있다.
- chinapa6688@yahoo.co.kr
- 차이나는 파선생 중국어 교실
  http://cafe.daum.net/chinapa

그림

오이랑

- 프리랜서 일러스트 작가
- 일미리 일본어 첫걸음 (사람in)
  재미사수 효과만점 일본어 첫걸음 (사람in) 등 다수
- 1996년 잡지 만화를 시작으로, 현재는 각종 학습서의 일러스트 및 삽화, 만화 등의 작업을 하고 있다.
- erang76@naver.com

편집

김진아

- **편집자 한마디**
  파 선생님을 만나 이 책의 기획 편집을 시작한지도 언 1년 7개월이 넘고 있다. 성이 '파'인 파 선생님과 이름에 '오이'가 들어가는 삽화가 오이랑 씨. 우연인지 필연인지 이름에 야채가 하나씩 들어가는 사람들과 함께 야채 캐릭터를 등장시켜 진행한 책. 작은 공감대가 있어서 인지 보다 더 열정적으로 보다 더 많은 애정을 담아 작업했던 책이 이제 마무리 단계에 접어 들었다. 모두가 한마음으로 노력해 만든 이 결실이 많은 독자 여러분들의 중국어 학습에 도움이 되길 기대해 본다.

중국에서 바로 통通 하는
통통 여행중국어

중국에서 말이 통하지 않을까봐 걱정이시라고요?
중국에 도착해서부터 돌아올 때까지 필요한 모든 회화가 상황별로
정리되어 통통 여행중국어 안에 모두 들어 있습니다.

중국에서 길을 잃고 헤맬까봐 걱정이시라고요?
베이징, 상하이, 쑤저우, 항저우, 칭다오에서라면 걱정없습니다.
지역 정보에서 교통 안내까지 여행에 필요한 모든 정보가
통통 여행중국어 안에 모두 들어 있습니다.

※ 통통 여행중국어의 모든 회화는 중국어와 한국어로 모두 녹음되어 있습니다.
MP3 음원은 사람in 홈페이지(www.saramin.com)에서 다운로드 받을 수 있습니다.

파선생의 차이나는 중국어 첫걸음

저자 파회원
초판 1쇄 인쇄 2010년 1월 18일
초판 1쇄 발행 2010년 1월 25일

발행인 박효상
편집책임 신제찬
편집 김진아, 김화정
디자인책임 손정수
마케팅책임 이종선
마케팅 이태호, 이전희

발행처 사람in
출판등록 제 10-1835호
주소 121-839 서울 마포구 서교동 378-16
전화 02.338.3555 팩스 02.338.3545
e-mail saramin@netsgo.com
homepage www.saramin.com

만든 사람들
편집책임 김진아
그림 오이랑
표지 디자인 손정수
본문 디자인 Elim 엘림

※책값은 뒤표지에 있습니다. ※파본은 구입하신 곳에서 바꾸어 드립니다. ⓒ 파회원 2009

978-89-6049-148-9   13720

팍선생의 폼이 나는 중국어 첫걸음

단어장

사람in

파선생의 차이나는 중국어 첫걸음 - 단어장은!

본서의 각 과당 20개씩 제시된 단어들의 간단한 뜻 외에 보다 구체적인 설명을 덧붙이고자 만들어진 단어장입니다.

본서 Lesson1의 단어입니다.

한자와 병음을 다시 한번 확인할 수 있습니다.

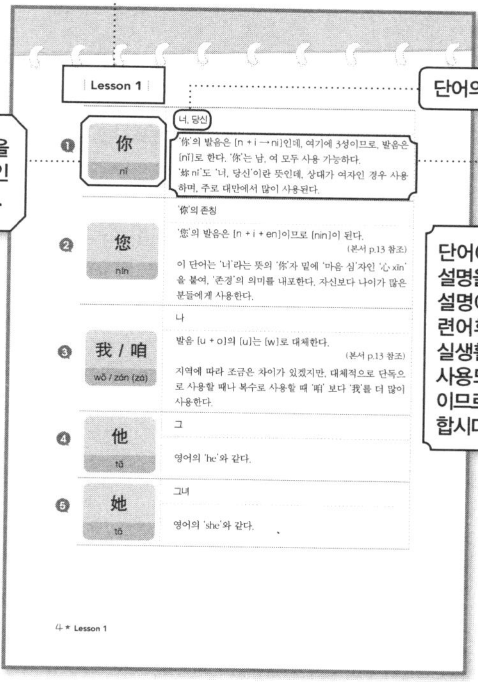

단어의 뜻을 설명합니다.

Lesson 1

❶ 你 nǐ

너, 당신

'你'의 발음은 [n + i →ni]인데, 여기에 3성이므로, 발음은 [nǐ]로 한다. '你'는 남, 여 모두 사용 가능하다.
'妳 nǐ'도 '너, 당신'이란 뜻인데, 상대가 여자인 경우 사용하며, 주로 대만에서 많이 사용된다.

❷ 您 nín

'你'의 존칭

'您'의 발음은 [n + i + en]이므로 [nín]이 된다.
(본서 p.13 참조)
이 단어는 '너'라는 뜻의 '你'자 밑에 '마음 심'자인 '心 xīn'을 붙여, '존경'의 의미를 내포한다. 자신보다 나이가 많은 분들에게 사용한다.

단어에 대한 구체적인 설명을 합니다.
설명에서 언급되는 관련어휘와 예문들 역시 실생활에서 매우 자주 사용되는 어휘와 문장이므로, 꼭! 기억하도록 합시다.

❸ 我 / 咱 wǒ / zán (zá)

나

받음은 [u + o]의 [u]는 [w]로 대체한다.
(본서 p.13 참조)
지역에 따라 조금은 차이가 있겠지만, 대체적으로 단독으로 사용할 때나 복수로 사용할 때 '咱' 보다 '我'를 더 많이 사용한다.

❹ 他 tā

그

영어의 'he'와 같다.

❺ 她 tā

그녀

영어의 'she'와 같다.

4 ∗ Lesson 1

※ 한자와 병음의 쓰기 연습을 할 수 있는 '쓰기노트'를 사람in 홈페이지(www.sarsmin.com)에서 다운로드 받을 수 있습니다.
A4용지에 출력하여 사용해 주세요.

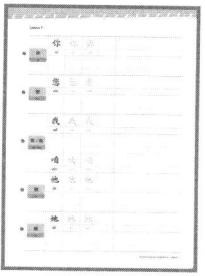

Lesson 1

❶	**你** nǐ	너, 당신 '你'의 발음은 [n + i → ni]인데, 여기에 3성이므로, 발음은 [nǐ]로 한다. '你'는 남, 여 모두 사용 가능하다. '妳 nǐ'도 '너, 당신'이란 뜻인데, 상대가 여자인 경우 사용하며, 주로 대만에서 많이 사용된다.
❷	**您** nín	'你'의 존칭 '您'의 발음은 [n + i + en]이므로 [nin]이 된다. (본서 p.13 참조) 이 단어는 '너'라는 뜻의 '你'자 밑에 '마음 심'자인 '心 xīn'을 붙여, '존경'의 의미를 내포한다. 자신보다 나이가 많은 분들에게 사용한다.
❸	**我 / 咱** wǒ / zán (zá)	나 발음 [u + o]의 [u]는 [w]로 대체한다. (본서 p.13 참조) 지역에 따라 조금은 차이가 있겠지만, 대체적으로 단독으로 사용할 때나 복수로 사용할 때 '咱'보다 '我'를 더 많이 사용한다.
❹	**他** tā	그 영어의 'he'와 같다.
❺	**她** tā	그녀 영어의 'she'와 같다.

❻	**它** tā	그, 그것 영어의 'it'과 같다. 예전에 '它'는 '사물이나 식물' 즉, 움직이지 않는 것을 가리킬 때 사용하고, '동물'을 가리킬 때는 '牠 tā'를 사용했다. 그러나 지금은 '它'와 '牠'를 구별하지 않고 모두 '它'로 사용한다. 중국을 제외한 기타 중화권에는 아직도 분리해서 사용하기도 한다. 예 它不是人。 Tā bú shì rén. 그것은 사람이 아니다.
❼	**们** men	~들 • 我们 wǒmen 우리들 = 咱们 zánmen(zámen) • 你们 nǐmen 너희들　• 他们 tāmen 그들 • 她们 tāmen 그녀들　• 它们 tāmen 그것들 **Tip** '我们'은 너와 나를 포함하고, '咱们'은 듣는 청중까지 즉, '我们 + 你们'이 된다.
❽	**好** hǎo	좋다 '좋다'는 의미인데, 'like'의 개념이 아닌 'good, OK'로 가볍게 '그래', '알았어', '그러지' 등으로 사용한다.
❾	**很** hěn	매우, 아주 '很'은 '매우, 아주'라는 뜻을 갖고 있는 부사지만, 모든 문장에서 '매우, 아주'라고 해석할 필요는 없다. 이 '很'이란 부사는 형용사가 가리키는 성질이나 상태의 정도를 나타내 주는 정도부사다. 주로 형용사 앞에 오기 때문에 '我很好 Wǒ hěn hǎo'라는 문장을 '저는 잘 지냅니다'라고 해석하면 되지, 굳이 '저는 매우 잘 지냅니다'라고 해석할 필요는 없다. 따라서 문장, 상황에 맞게 해석하도록 하자. **주의** 정도부사는 주로 형용사를 수식하는데, 일부 심리동사나 조동사도 정도부사의 수식을 받을 수 있다. 예 我很想妈妈。 Wǒ hěn xiǎng māma. 나는 엄마가 매우 보고 싶다. 　 我很想去。 Wǒ hěn xiǎng qù. 나는 매우 가고 싶다.

⑩	**也** yě	~도, ~역시 예 我也。Wǒ yě. 저도. (영어로 'Me too.')
⑪	**爸爸** bàba	아빠 '爸 bà'라고 한 글자로도 쓴다. 가끔 영화를 보면 '爸'라고 한 글자로 사용한 것을 볼 수 있다.
⑫	**妈妈** māma	엄마 역시 '妈 mā'라고 한 글자로 사용할 수도 있다.
⑬	**哥哥** gēge	형, 오빠 성별에 구분 없이 부르며, 부를 때 '哥 gē'라고 한 글자로도 부른다.
⑭	**姐姐** jiějie	누나, 언니 역시 성별에 구분 없이 부르며, 부를 때 '姐 jiě'라고 한 글자로도 부른다.
⑮	**弟弟** dìdi	남동생 때론 한 글자로 부르기도 한다. 예 他是我弟。Tā shì wǒ dì. 그는 내 남동생이다. 그러나 가능하면 두 글자 모두 불러주는 것이 좋다. 특히 '남동생'이라 부를 땐 '弟弟 dìdi'라고 불러야 한다.

⑯	**妹妹** mèimei	여동생 때론 한 글자로 부르기도 한다. 예 她是我妹。Tā shì wǒ mèi. 그녀는 내 여동생이다. 그러나 가능하면 두 글자 모두 불러주는 것이 좋다. 특히 '여동생'이라 부를 땐 '妹妹 mèimei'라고 불러야 한다.
⑰	**老师** lǎoshī	선생님 가르치는 사람을 말하는 '선생님'이지, 흔히 부르는 호칭의 '선생님'은 아니다.
⑱	**都** dōu	모두 'together'의 개념이 아닌 'all'의 개념이다.
⑲	**吗** ma	~입니까? 질문할 때 문장 끝에 붙여 사용하며, 뒤에 의문 부호 '?'을 붙인다.
⑳	**呢** ne	~는요?, ~는? 질문할 때 주로 사용하는, 질문의 축약형으로 '~는요?, ~는?'이라는 뜻이다. 경우에 따라서는 '~걸, ~잖아' 등으로 해석될 때도 있다. 상황에 맞게 느낌을 살려 해석하도록 하자. 예 你呢? Nǐ ne? 너는? 很好呢! Hěn hǎo ne! 좋은 걸!

Lesson 2

① 请问 qǐngwèn

실례합니다, 말씀 좀 묻겠습니다

여기서 '请 qǐng'은 'please'란 뜻의 '~세요'라는 의미로 남에게 부탁이나 권유를 할 때 사용하는 표현이다. 손을 의자에 가리키며 '请'하면 '앉으세요'가 되고, 음식에 대고 '请'하면 '드세요'가 된다. '问 wèn'은 '물을 문'자로 '묻다, 질문하다'라는 의미이다.

예 老师问我。Lǎoshī wèn wǒ.
선생님이 저에게 묻습니다.

② 什么 shénme

무슨, 무엇

③ 名字 míngzi

이름

'字 zì'는 '글자'란 뜻도 있어, '什么字? Shénme zì?'하면 '무슨 글자?'란 뜻이 된다.
여기서 주의해야 할 것은 '名字'의 '字'는 〈경성〉이지만, '글자'란 뜻의 '字'는 〈4성(zì)〉이다.

④ 认识 rènshi

알다

여기서 '알다'라는 의미는 한 번이라도 봐서 알게 되었을 때 사용하는 단어다. 앞으로 또 다른 의미의 '알다'를 배우게 될 것이다.

⑤ 高兴 gāoxìng

기쁘다, 즐겁다, 반갑다

❻	**贵** guì	비싸다, 귀하다 '贵'는 '비싸다'의 뜻으로 형용사 앞에 부사 '很'을 넣어 '很贵 hěn guì'하면 '아주 비싸다'란 뜻이 된다. 또한 이 '贵'는 '귀하(贵下)'라는 뜻이 내포되어 있기 때문에 '您贵姓? Nín guì xìng?'하면 '귀하의 성씨는 무엇입니까?' 즉, '성함이 어떻게 되십니까?'란 뜻이 된다.
❼	**姓** xìng	성이 ~이다 예 我姓김。 Wǒ xìng 김. 제 성은 김 씨입니다.
❽	**叫** jiào	'叫'는 여러가지의 뜻이 있으나 크게 다음 네 가지의 뜻으로 기억해 두자. ① ~라 부른다 　예 我叫길동。 Wǒ jiào 길동. 저는 길동이라 부릅니다. ② 부르다 　예 妈妈叫你。 Māma jiào nǐ. 엄마가 너 불러. ③ 울다, 짖다, 지저귀다 　예 鸡叫。 Jī jiào. 닭이 울다. ④ 시키다 　예 叫饭。 Jiào fàn. 밥 시킨다.
❾	**谁** shéi / shuí	누구 [shéi]와 [shuí] 발음 모두 가능하다. **Tip** 1985년 12월 27일 수정 공포된 '普通话异读词审音表(보통화이독사심음표)'에 의하면 [shéi]가 표준음으로 되어 있고, [shuí]는 '又读音(우독음)'이다. ※ 又读音(우독음)이란? 한자는 1자 1음의 원칙에 따르지만, 경우에 따라 같은 뜻으로 쓰이면서도 다른 음으로 읽힐 때가 있는데, 이러한 제2, 제3의 음을 말한다.

⑩	**忙** máng	바쁘다
		'바쁘다'의 뜻으로 부사 '很 hěn'과 함께 쓰인다.
⑪	**学生** xuésheng	학생
⑫	**学校** xuéxiào	학교
⑬	**学习** xuéxí	학습하다, 공부하다
		'学习'의 '学 xué'는 그 자체만으로도 '배우다'라는 의미를 갖는다.
		예 我学汉语。Wǒ xué Hànyǔ. 저는 중국어를 배웁니다.
		또한 '学 xué'는 '흉내를 내다'란 뜻도 갖고 있다.
		예 他学鸡叫。Tā xué jī jiào. 그는 닭 울음소리를 흉내 내다.
⑭	**再见** zàijiàn	안녕 (헤어질 때 하는 인사말)
		'再见'은 '다시'란 뜻의 '再 zài'와 '보다, 만나다'라는 뜻의 '见 jiàn'으로 구성되어 '또 만나자'란 의미를 지니기도 한다.
		예 我们再见吧。Wǒmen zàijiàn ba. 우리 또 만나자.

⑮	**吧** ba	~지, ~죠, ~라, ~자 '吧'는 문장을 마무리 하는 단어로, 이는 권유 또는 명령의 뜻을 내포한다. 예 好吧。Hǎo ba. 그러자. 　你去吧。Nǐ qù ba. 네가 가라.
⑯	**不** bù	'不'는 '아니 불'자로 부정의 의미를 갖는다. 앞에서 설명했듯이 성조변화를 한다. 예 不忙 bù máng 바쁘지 않다 　不去 bú qù 안 간다
⑰	**是** shì	~은(는) ~이다, 네 '是'는 '~는 ~이다'의 뜻과 함께, '그러냐?, 아니냐?'의 질문에 '네'로 답하는 경우에도 사용된다.
⑱	**和** hé	~와, ~과, 그리고 영어로 'and'의 개념이다. 예 你和我。Nǐ hé wǒ. 너와 나. 　爸爸和妈妈。Bàba hé māma. 아빠랑 엄마.
⑲	**太** tài	아주, 매우 '很 hěn'과 마찬가지로 '아주', '매우'란 뜻을 갖고 있다. 그러나 '太'는 '지나치다'란 의미의 '너무~'로, 'Negative (부정적)'일 때 사용하는 경우가 많다. Tip '太太 tàitai'하면 '아내, 와이프, 부인, 아주머니' 등의 뜻을 갖는다.
⑳	**王** Wáng	왕(성씨) 성씨로 '왕'씨를 뜻하기도 하고, 나라를 다스리는 'king (왕)'을 뜻하기도 한다.

Lesson 3

❶	**今天** jīntiān	오늘 '今日 jīnrì'라고 해도 틀린 것은 아니나, '今日'는 문어체나 고전드라마에서 사용하는 표현이다.
❷	**昨天** zuótiān	어제
❸	**明天** míngtiān	내일 '明'을 반복하여 '明明 míngmíng'이 되면, '분명히, 명백히, 확실히'라는 뜻의 부사가 된다.
❹	**前天** qiántiān	그저께
❺	**大前天** dàqiántiān	그끄저께
❻	**后天** hòutiān	모레
❼	**大后天** dàhòutiān	글피

⑧	**生日** shēngrì	생일
⑨	**电影** diànyǐng	영화 전기의 '전(电)'자와 그림자의 '영(影)'자 즉, 그림자를 전기를 통해서 보는 것이기 때문에 '영화'가 된다.
⑩	**旅行** lǚxíng	여행
⑪	**星期 礼拜** xīngqī lǐbài	요일 '星期'와 '礼拜'는 모두 '요일'이란 뜻인데, 보통 '星期'를 많이 사용한다. 월요일부터 토요일까지는 '星期' 또는 '礼拜' 뒤에 숫자만 넣으면 된다. • 월요일 : 星期一 xīngqīyī • 화요일 : 星期二 xīngqī'èr • 수요일 : 星期三 xīngqīsān • 목요일 : 星期四 xīngqīsì • 금요일 : 星期五 xīngqīwǔ • 토요일 : 星期六 xīngqīliù • 일요일 : 星期天 xīngqītiān (회화체) 　　　　　星期日 xīngqīrì (문어체) 참고로, '星期'의 '星'을 두 번 써서 '星星 xīngxing'이 되면 '별'이란 뜻이 된다.

⑫	**年** nián	해, 년 예를 들어 '2008년'이면 '2천 8년'이라고 하지 않고 숫자를 그대로 읽어, '二零零八年 èr líng líng bā nián'이라고 한다. '年'이 들어가는 표현을 좀 더 알아보도록 하자. • 올해 : 今年 jīnnián • 작년 : 去年 qùnián • 내년 : 明年 míngnián • 재작년 : 前年 qiánnián • 내후년 : 后年 hòunián • 재재작년 : 大前年 dàqiánnián • 내후년(3년 후) : 大后年 dàhòunián 참고로 '后年', '大后年' 모두 사전에는 '내후년'으로 나와 있는데, '大后年'은 '后年의 다음 해'임에 주의하자.
⑬	**月** yuè	월 • 1월 : 一月 yī yuè • 2월 : 二月 èr yuè • 3월 : 三月 sān yuè • 4월 : 四月 sì yuè • 5월 : 五月 wǔ yuè • 6월 : 六月 liù yuè • 7월 : 七月 qī yuè • 8월 : 八月 bā yuè • 9월 : 九月 jiǔ yuè • 10월 : 十月 shí yuè • 11월 : 十一月 shíyī yuè • 12월 十二月 shí'èr yuè
⑭	**天 / 日** tiān / rì	일 '일요일'은 회화체에서 많이 사용하는 '星期天 xīngqītiān'과 문어체에서 주로 사용하는 '星期日 xīngqīrì'가 있다. 또한 '一天 yì tiān'하면 '하루'란 뜻이고, 문어체로 '一日 yí rì'라고 한다.
⑮	**号** hào	~일 숫자 뒤에 붙어 '번호의 순서'를 나타내기도 하고, '~일'이라는 날짜를 나타내기도 한다. '5号'하면 '5일'이 된다.

⑯	**出差** chūchāi	출장, 출장가다
⑰	**来** lái	오다
⑱	**去** qù	가다
⑲	**看** kàn	보다 예 '我看看。Wǒ kànkan. / 我看一看。Wǒ kàn yi kàn. 제가 좀 봅시다. Tip 항상 기억해두자! '看'과 같은 동사가 반복 될 때, 또는 '一'가 동사 사이에 들어갈 경우에는 '좀~'라고 해석하면 된다. 또한 '好看 hǎo kàn'하면 '보기 좋다'이기 때문에 '예쁘다'라고 해석할 수 있다.
⑳	**几** jǐ	몇 '몇'이란 뜻으로, 숫자가 들어갈 위치에 넣는다. 예 几年? Jǐ nián? 몇 년? 几月? Jǐ yuè? 몇 월? 几天? Jǐ tiān? / 几日? Jǐ rì? 며칠? (하루, 이틀. 즉, 기간을 나타내는 '며칠') 几号? Jǐ hào? 며칠? (날짜를 나타내는 '며칠') '요일'은 뒤에 붙어 '星期几? Xīngqījǐ?'가 되면 '무슨 요일?'이란 뜻이 된다.

Lesson 4

❶ 个 gè

~개

'个'는 양사로, 4성인데, 다른 단어와 합칠 때 '个'가 앞에 오면 4성이다.
- 예 个人 gèrén 개인

그러나 다른 단어와 합치거나 문장이 이루어질 때 '个'가 앞이 아닌 뒤에 있을 때는 경성이 된다.
- 예 一个月 yí ge yuè 한 달(1개월)
  一个星期 yí ge xīngqī 일주일
  一个 yí ge 한 개
  几个? Jǐ ge? 몇 개?

❷ 这 zhè / zhèi

이~

'这'하면 'this'란 뜻으로 '이~'가 되지만, '这个'하면 'this one'의 뜻으로, '这一个 zhè yí ge 이거(한 개)'의 줄임말이다. '这一个'는 [zhè yí ge]로 발음하기도 하고, 빨리 읽으면 [zhèi ge]로 발음한다.
- 예 这是谁的? Zhè shì shéi de?
  이것은 누구의 것입니까? (포괄적인 의미의 '이거')

  这个是谁的? Zhè ge shì shéi de?
  이것은 누구의 것입니까? (그 많은 것 중 '이거')

❸ 那 nà / nèi

그, 저

'那个 nà ge'는 '그거, 저거'라는 뜻으로 '那一个 nà yí ge'의 줄임말이다. '那一个'는 [nà yí ge]로 발음하기도 하고, 빨리 읽으면, [nèi ge]로 발음한다.
- 예 那是谁的? Nà shì shéi de?
  저것은 누구의 것입니까? (포괄적인 의미의 '저거' 또는 '그거')

  那个是谁的? Nà ge shì shéi de?
  저것은 누구의 것입니까? (그 많은 것 중 '저거' 또는 '그거')

❹ 哪 nǎ

어느

'哪个?'는 '어느 거?'라는 뜻으로, '哪一个 nǎ yí ge'의 줄임말이다. 빨리 읽으면, [něi ge]로 발음한다.

❺	**人** rén	사람 • 这个人 zhè ge rén 이 사람 • 那个人 nà ge rén 저 사람, 그 사람 • 哪个人 nǎ ge rén 어느 사람? 또한 '一个人 yí ge rén'은 '한 사람' 즉, '혼자'란 뜻으로도 해석한다.
❻	**两** liǎng	두, 둘 양사 앞에 쓴다. • 两个 liǎng ge 두 개 • 两个星期 liǎng ge xīngqī 2주 Tip '二 èr'이라고 적혀 있어도 읽을 땐 '两'이라고 읽는다.
❼	**本** běn	~권 책을 셀 때 쓰는 양사로 '~권'이라는 뜻이다. 예 五本 wǔ běn 다섯 권
❽	**书** shū	책 예 两本书 liǎng běn shū 책 두 권
❾	**有** yǒu	있다, 가지고 있다 (소유의 의미) '어디에 있다'라는 존재의 의미가 아니라, 소유의 의미다. 영어로 'have'와 같은 뜻이다.
❿	**没有** méiyǒu	없다, 가지고 있지 않다, ~않다 '있다'를 말할 때는 '有 yǒu', '없다'를 말할 때는 '没有 méiyǒu'라고 한다. 문장에서는 '没有 méiyǒu'를 한 글자로 '没 méi'로도 사용한다. 예 有没有? Yǒu méiyǒu? 있니? 없니? 我没去。Wǒ méi qù. 나는 가지 않았다.

⑪	**的** de	~의, ~한, ~의 것, ~한 것 '的'는 여러 가지 상황에서 사용되므로 기억해두자. ① 명사나 대명사 뒤에 오는 명사를 수식하여 소유의 뜻을 나타낸다. • 我的手机 wǒ de shǒujī 나의 휴대전화 • 他的汉语书 tā de Hànyǔ shū 그의 중국어 책 • 妹妹的笔 mèimei de bǐ 여동생의 펜 Tip 我的 wǒ de 나의 것 　　妈妈的 māma de 엄마의 것 　　师的 lǎoshī de 선생님의 것 ② 가족, 친구, 단체, 소속기관 등을 나타낼 경우 '的'는 생략할 수 있다. • 我弟弟 wǒ dìdi 내 남동생 (= 我的弟弟) • 他爸爸 tā bàba 그의 아버지 (= 他的爸爸) • 我们学校 wǒmen xuéxiào 우리 학교 (=我们的学校) ③ 형용사나 동사 뒤에 오는 명사를 수식한다. • 好的学校 hǎo de xuéxiào 좋은 학교 • 他看的电影 tā kàn de diànyǐng 그가 본 영화
⑫	**手机** shǒujī	휴대전화 '손에 들고 있는 기계'라 해서 '손 수'자와 '기계 기'자를 썼다. 예 好看的手机 hǎo kàn de shǒujī 예쁜 휴대전화
⑬	**知道** zhīdao	(지식, 정보를 통해서)알다 2과에서 배운 '认识 rènshi 알다'는 '한 번이라도 만나거나, 한 번이라도 가봐서 안다'는 의미에서의 '알다'이고, '知道'는 지식, 정보를 통해서 '알다'의 의미이다. '知道'가 부정으로 쓰여 '不知道'가 되면 [bù zhīdào]로 발음되며, 긍정·부정의 중복형은 '知道不知道'라고 하고 이를 줄여서 '知不知道'라고 사용하는 경우가 많다.

18 ★ Lesson 4

⑭	**汉语** Hànyǔ	중국어 이 외에 '中文 Zhōngwén'도 중국어를 뜻하는데, '中文'은 '중어중문학과'의 중문과 혹은 연구분야에서 많이 사용된다. 한국어로 '중국어'를 그대로 쓴 '中国语 Zhōngguóyǔ'라고 해도 뜻은 통하나, 보통 '한족의 언어'라는 뜻의 '汉语'를 많이 쓴다.
⑮	**韩语** Hányǔ	한국어 **주의** '汉语'는 4성이고, '韩语'는 2성이다.
⑯	**支** zhī	~자루, ~개피 가늘고 긴 것을 세는 '양사'이다.
⑰	**笔** bǐ	펜 모든 '펜'을 지칭할 수 있다.
⑱	**英语** Yīngyǔ	영어
⑲	**没关系** méiguānxi	괜찮습니다 '没关系'는 '没有关系 méiyǒu guānxi'의 줄임말이다. '没有'는 '없다', '关系'는 '관계'를 뜻한다. 따라서 '관계없다, 괜찮다' 즉, '괜찮습니다'로 해석된다.
⑳	**对不起** duìbuqǐ	미안합니다, 죄송합니다 '对'발음에 유의하자. 많은 사람들이 편하게 [때]로 발음하는데, [뚜에이]로 발음해야 한다.

Lesson 5

❶	**这儿** zhèr	여기
❷	**那儿** nàr	거기, 저기
❸	**哪儿** nǎr	어디
❹	**前面** qiánmian	앞
❺	**后面** hòumian	뒤
❻	**上面** shàngmian	위
❼	**下面** xiàmian	아래 주의 下面 xiàmiàn : (삶아 내기 위해) 국수(面 miàn)를 넣다 즉, 면을 삶다

⑧	**左边(儿)** zuǒbian(r) zuǒbiān(r)	왼쪽 '面'과 '边'의 차이는 '面'은 '전체 면'을 뜻하고, '边'은 '~측, ~쪽'을 뜻한다. '边'은 혼자일 때는 1성으로 발음하지만, 단어나 문장이 될 때는 경성으로 읽는 경우가 많다. '前面'을 '前边 qiánbian(qiánbiān)'이라 해도 되지만, 발음상 '前面'이 더 편하다. '뒤, 위, 아래'도 마찬가지다. 또한 왼쪽과 오른쪽은 '边' 대신 '面'을 써도 되지만 '面'보다는 사이드를 나타내기에 '边'을 사용하며, 발음상에도 '边'이 더 뚜렷하게 들리며 발음하기 편하다.
⑨	**右边(儿)** yòubian(r) yòubiān(r)	오른쪽
⑩	**中间** zhōngjiān	중간, 가운데 우리가 흔히 알고 있는 '中央 zhōngyāng'은 '중앙'의 의미를 갖고 있으나, 주로 명칭에 사용된다.
⑪	**旁边(儿)** pángbiān(r)	옆 **주의** 여기서의 '边'은 '面'과 교체해서 사용할 수 없으며, '边'은 1성으로 읽어야 한다.
⑫	**对面(儿)** duìmiàn(r)	맞은편 '대면하다'라고 생각하면 외우기 쉬울 것이다. 그러나 '대면'의 뜻은 아니다. '대면'은 '面对面 miàn duì miàn' 즉, '면대면'으로 말해야 한다. 또한, '面对面'에서의 '面'은 '边'으로 바꿔 사용할 수 없다. **주의** '对面'하면 '맞은편'이란 뜻이지만, '对边 duì biān'이라고 하면 수학의 '대변'의 뜻이 된다.

⑬	**商店** shāngdiàn	상점
⑭	**地方** dìfang	~곳 한자 그대로 읽으면 '지방'이 되어서 서울이 아닌 타지역을 생각할 수도 있겠지만, 중국어에서의 '地方 dìfang'의 뜻은 '~곳'을 말한다. 반면 '地方 dìfāng'해서 1성으로 발음하면 '어느 지역'을 뜻한다. '什么'를 붙여 '什么地方'이 되면, '무슨 곳' 즉, '어느 곳', '어디'라는 뜻이 된다. • 这个地方 zhè ge dìfang 이곳 • 那个地方 nà ge dìfang 저곳, 그곳 • 哪个地方 nǎ ge dìfang 어느 곳 Tip '哪儿'도 '어디'의 의미이나, 이는 '什么地方'보다 더 포괄적인 의미를 갖는다. '哪里 nǎli'도 '什么地方'과 같이 '어디'란 뜻이 된다. 또한 '哪里哪里 nǎlinǎli'하면 '괜찮습니다, 무슨 말씀을~'이란 뜻으로도 많이 사용된다.
⑮	**银行** yínháng	은행

⑯	**在** zài	~에, ~에서, ~에 있다, (막)~하고 있는 중이다 아주 중요한 단어이므로, 꼭! 알아두도록 하자. ① 在 + 장소 : '~에', '~에서'의 뜻이며, '~에 있다'로도 해석한다. 　🗨 我在银行。Wǒ zài yínháng. 　　나는 은행에 있다. 　　妈妈在商店。Māma zài shāngdiàn. 　　엄마는 상점에 있다. 　　你在哪儿? Nǐ zài nǎr? 　　넌 어디에 있니? ② 在 + 동사 : 무언가를 하고 있는 상태를 나타낸다. 　🗨 弟弟在看书。Dìdi zài kàn shū. 남동생은 책을 보고 있다. 　　妹妹在看电影。Mèimei zài kàn diànyǐng. 　　여동생은 영화를 보고 있다.
⑰	**远** yuǎn	멀다
⑱	**近** jìn	가깝다
⑲	**买** mǎi	사다
⑳	**卖** mài	팔다 '买'와 발음은 같으나, 성조가 다르므로 주의하자.

Lesson 6

❶	**爷爷** yéye	할아버지
❷	**奶奶** nǎinai	할머니
❸	**北京** Běijīng	베이징(북경) 중국 수도이다.
❹	**爱人** àiren	남편, 아내 한자 그대로 보면, '애인'이 되지만, 중국어에서는 '남편', 또는 '아내'란 뜻이 된다.
❺	**结婚** jiéhūn	결혼
❻	**公司** gōngsī	회사
❼	**职员** zhíyuán	직원

	医生 yīshēng	의사
⑧		(대학)병원의 의사, 즉 양의에 해당하는 의사를 지칭한다.

	大夫 dàifu	의원, 의사
⑨		한의원이나 한방 쪽의 의사를 지칭하며, '大'의 발음은 [dà]와 [dài] 두 가지이다. 주의 '大'를 '丈'으로 잘못 쓰면, '丈夫 zhàngfu'가 되며, 이는 '남편'이란 뜻이므로 쓸 때 주의하자.

	护士 hùshi	간호사
⑩		

	年级 niánjí	학년
⑪		'몇 학년'이냐고 물을 때는 '几'를 앞에 넣어서 '几年级? Jǐ niánjí?'라고 한다. 1학년에서 6학년까지 알아보자. • 1학년 : 一年级 yī niánjí • 2학년 : 二年级 èr niánjí • 3학년 : 三年级 sān niánjí • 4학년 : 四年级 sì niánjí • 5학년 : 五年级 wǔ niánjí • 6학년 : 六年级 liù niánjí

	小学 xiǎoxué	초등학교
⑫		• 小学一年级 xiǎoxué yī niánjí 초등학교 1학년 • 小学二年级 xiǎoxué èr niánjí 초등학교 2학년

⑬	**中学** **初中** zhōngxué chūzhōng	중학교 '中学一年级 zhōngxué yī niánjí'와 '初中一年级 chūzhōng yī niánjí'는 모두 '중학교 1학년'을 말한다. 단, 줄여서 사용할 때는 '初一 chū yī 중1 / 初二 chū èr 중2 / 初三 chū sān 중3'이라고 한다.
⑭	**高中** gāozhōng	고등학교 '高中一年级 gāozhōng yī niánjí'는 '고등학교 1학년'으로, 줄여서 '高一 gāo yī'라고 한다. '고2'는 '高二 gāo èr', '고3'은 '高三 gāo sān'이다.
⑮	**大学** dàxué	대학교 대학교도 마찬가지로 줄여서 '大一 dà yī 대학교 1학년 / 大二 dà èr 대학교 2학년 / 大三 dà sān 대학교 3학년 / 大四 dà sì 대학교 4학년'이라고 한다.
⑯	**家** jiā	집 '집'이라는 뜻의 명사로 사용하기도 하고, 가게나 기업 따위를 세는 '양사'로 사용하기도 한다. 예) 妈妈在家。Māma zài jiā. 엄마는 집에 계신다. 三家商店。Sān jiā shāngdiàn. 상점 셋.
⑰	**里** lǐ	~안, ~속 '里', '里面(儿)' 모두 '~안, ~속'이라는 뜻으로, 장소 뒤에 '里'를 붙이면 좀 더 구체적인 의미를 갖는데, 생략할 때도 있다. 예) 我在家里。Wǒ zài jiā lǐ. = 我在家。Wǒ zài jiā. 나는 집에 있습니다. 주의) '里面(儿)'이 '里'보다 '좀 더 안 쪽'이라는 뜻이 내포되어 있다.

⑱	**口** kǒu	입, 맛, 식구 문어체로 '입'이란 뜻도 있지만, 여기서는 가족을 세는 단위이다.
⑲	**位** wèi	~분 사람을 세는 '양사'이다. 예 几位? Jǐ wèi? 몇 분? 几个人? Jǐ ge rén? 몇 사람? 几口人? Jǐ kǒu rén? 몇 식구?
⑳	**了** le liǎo	동작의 변화나 완료를 나타내는 조사이다. 크게 3가지만 기억해두자. ① ~~~了。: 어기조사 문장 끝에 놓여 어떤 일이나 상황이 이미 발생하거나 변화했음을 나타낸다. 예 爸爸去北京了。Bàba qù Běijīng le. 아빠는 베이징에 가셨다. ② 동사 + 了。: 동태조사 동작의 상태, 완료, 변화, 발생 등을 나타낸다. 예 她结婚了。Tā jiéhūn le. 그녀는 결혼을 했다. ③ 동사 + 了 + ~~~了。: 시량보어 동사 뒤에 쓰는 '了'는 동작의 완료, 문장 끝에 쓰는 '了'는 동작의 지속을 나타낸다. 예 我学了两年汉语。Wǒ xué le liǎng nián Hànyǔ. 나는 중국어를 2년간 배운 적이 있다. 我学了两年汉语了。Wǒ xué le liǎng nián Hànyǔ le. 나는 중국어를 배운지 2년이 되었다. 하나 더 '了 liǎo'는 동사 뒤에 놓인 '得', '不'와 연용하여 가능이나 불가능을 표시한다. 예 做得了 zuòdéliǎo 할 수 있다 去不了 qùbuliǎo 갈 수 없다 吃不了 chībuliǎo 다 먹을 수 없다 Tip 了不得 liǎobudé 대단하다, 훌륭하다

| Lesson 7 |

❶	**现在** xiànzài	현재, 지금
❷	**上班** shàngbān	출근하다
❸	**下班** xiàbān	퇴근하다 '출퇴근'은 '上下班 shàng xià bān'이라고 하면 된다.
❹	**起床** qǐchuáng	기상하다, 일어나다 '起'는 '일어나다'를 의미하고, '床'은 '침대'를 의미한다. 그래서 '起床'은 '침대에서 일어나다' 즉, '기상'을 말한다.
❺	**睡觉** shuìjiào	잠을 자다 '觉 jiào'는 '잠', '睡 shuì'는 동사로 '자다'의 의미다. 따라서 '睡觉'하면 '잠을 자다'가 된다. '睡觉'는 '睡' 한 글자로 쓰는 경우도 많다. 그러나 '起床'은 한 글자로 줄여 사용할 수 없다. '睡什么觉 shuì shénme jiào'하면 '무슨 잠을 잔다고 그래', '자긴 뭘 자냐'란 뜻이다.
❻	**早上** zǎoshang	아침

❼	**上午** shàngwǔ	오전
❽	**中午** zhōngwǔ	정오
❾	**下午** xiàwǔ	오후
❿	**晚上** wǎnshang	저녁, 밤 • 晚上7点 wǎnshang qī diǎn 저녁 7시 • 晚上12点 wǎnshang shí'èr diǎn 밤 12시
⓫	**点** diǎn	① 시간의 '시'를 의미한다. 　예 三点 sān diǎn 3시 ② '점'의 의미를 갖는다. 　예 零点八 líng diǎn bā 0.8 ③ '주문하다'의 의미를 갖는다. 　예 点菜 diǎn cài 요리를 시키다
⓬	**半** bàn	30분, 반 ① '30분'의 의미를 갖는다. '1点半 yī diǎn bàn'하면 '1시 30분'의 의미로 즉, '1시 반'이다. ② '반'을 의미한다. 절반이라고 표현할 때 '一半 yí bàn' 하면 된다.

⑬	**分** fēn	분, 나누다 ① 시간의 '분'를 의미한다. 　예 25分 èrshíwǔ fēn 25분 ② '나누다'의 의미를 갖는다. 　예 我们分一半吧。Wǒmen fēn yí bàn ba. 　　우리 반 나누자 Tip '나눌 분'에, '손 수'자를 써서, '分手 fēnshǒu'가 되면, '헤어지다'의 의미가 된다.
⑭	**刻** kè	15분 ・一刻 yí kè 15분 ・三点一刻 sān diǎn yí kè 3시 15분 ・三刻 sān kè 45분 ・五点三刻 wǔ diǎn sān kè 5시 45분 '两刻'는 30분을 나타내는 '30分'과 '半'이 있기 때문에 잘 사용하지 않는다. '四刻' 역시 마찬가지로 정각을 나타내기 때문에 사용하지 않는다.
⑮	**差** chà	부족하다, 모자라다 '6시 5분 전'은 '5분 모자란 6시다'라고 해서 '差5分6点 chà wǔ fēn liù diǎn'이라고 한다.
⑯	**早饭** zǎofàn	아침밥
⑰	**午饭** wǔfàn	점심밥

⑱	**晚饭** wǎnfàn	저녁밥
⑲	**吃** chī	먹다 • 不吃 bù chī 안 먹는다 • 没吃 méi chī 먹지 않았다 주의 '不'와 '没'를 혼돈하지 말자.
⑳	**回** huí	되돌아오다, 되돌아가다 '回'는 사전상 '돌아가다, 돌아오다'란 뜻도 있으나, 회화에서는 반드시 '回来'라고 해야 '돌아오다'가 된다. • 回来 huí lái 돌아와 • 回去 huí qù 돌아가 주의 '귀가하다', '집에 가자'라고 말할 때 흔히 '去'라는 단어를 생각해서 '去家'라고 하는데, 이는 틀린 표현이다. '나갔다 다시 제자리로 돌아간다'는 의미이기 때문에 '回家 huí jiā'라고 해야 한다. '去'는 내가 다른 사람의 집에 갈 때나 다른 곳을 갈 때 사용한다. 예 我去老师家。Wǒ qù lǎoshī jiā. 나는 선생님 집에 간다.

Lesson 8

❶ 大 dà

크다

'大'는 '덩치, 부피 등이 크다'라는 뜻과 '나이가 많다'라는 뜻을 나타낸다

Tip '大哥 dà gē'하면 '형님'이란 뜻으로 흔히 영화에서 많이 들어 봤을 것이다. 또한 가족관계에서 '큰형, 큰 오빠'의 '큰~'의 의미를 갖고 있다. '둘째 형, 둘째 오빠'부터는 '二哥 èr gē'와 같이 숫자를 붙여 쓴다.

- 大姐 dà jiě 큰누나, 큰 언니
- 二姐 èr jiě 둘째 누나, 둘째 언니

❷ 小 xiǎo

작다

'작다'의 의미로 역시 덩치, 부피, 나이 등의 표현과 함께 사용할 수 있다.

Tip '大小 dà xiǎo'는 '사이즈'란 뜻이고, '小姐 xiǎojiě'는 '아가씨' 즉, 'Miss'란 뜻이다.

가족관계에서 막내 남동생이나 막내 여동생을 부를 때도 쓴다.

예 他是我小弟。Tā shì wǒ xiǎo dì.
그는 제 막내 남동생입니다.

这是我小妹。Zhè shì wǒ xiǎo mèi.
여기는 제 막내 여동생입니다.

❸ 岁 suì

~세, ~살

나이를 세는 단위다.

- 三岁 sān suì 3살
- 几岁? Jǐ suì? 몇 살?

Tip '岁'는 나보다 나이가 어리거나 동갑인 경우에 사용하는데, 주로 어린 아이들에게 사용한다.

❹ 多大 duōdà

나이를 물어볼 때 사용하는 표현이다.

예 你多大? Nǐ duōdà?
나이가 어떻게 되나요?

Tip '多大'는 나와 비슷한 또래이거나 나보다 어린 사람에게 사용하는데 주로 같은 연배끼리 사용한다.

❺	**年纪** niánjì	나이, 연령 어른이나 나보다 나이가 많으신 분들에게 사용한다.
❻	**孩子** háizi	아이, 어린이, 자식 복수일 때는 뒤에 '们 men'을 붙이면 되고, 한 명일 때는 '一个孩子 yí ge háizi'라고 하면 된다.
❼	**女儿** nǚ'ér	딸 이 단어의 발음표기를 보면 [nǚ'ér]로, 격음부호를 사용했다. (본서 p.18 격음부호 참조)
❽	**儿子** érzi	아들
❾	**女孩儿** nǚháir	여자아이
❿	**男孩儿** nánháir	남자아이
⓫	**比** bǐ	~보다, ~에 비해 'A 比 B'의 형식으로, 비교할 때 사용한다. '他比我大。Tā bǐ wǒ dà.'를 직역하면 '그는 나보다 크다.'로 '그는 나보다 나이가 많다'란 뜻이다.

		부정은 '他不比我大。Tā bù bǐ wǒ dà.'로, '그는 나보다 나이가 많지 않다'라고 해석한다. 즉, '我比他大。Wǒ bǐ tā dà. 나는 그보다 나이가 많다.'와 같은 의미가 된다. 예 他比我大一岁。Tā bǐ wǒ dà yí suì. 그는 나보다 1살 많다. 예 一天比一天好。Yì tiān bǐ yì tiān hǎo. 하루하루 나아지다.
⑫	俩 liǎ	둘 '둘'이란 의미로 주로 '두 명'일 때 사용한다. • 我们俩 wǒmen liǎ 우리 둘 • 你们俩 nǐmen liǎ 너희 둘 • 他们俩 tāmen liǎ 그들 둘 주의 쓰기와 읽기 모두 '两'과 헷갈리지 않게 주의해서 사용하자.
⑬	上 shàng	위, 오르다, 가다 이 단어는 아주 많이 사용되는 단어이므로 기억해 두자. • 上来 shàng lái 올라와 • 上去 shàng qù 올라가 • 上学 shàng xué 등교하다, 입학하다 • 上星期 shàng xīngqī 지난주 • 上个月 shàng ge yuè 지난달 • 下个月 xià ge yuè 다음 달 • 上上个月 shàng shàng ge yuè 지지난 달 • 下下个月 xià xià ge yuè 다다음 달 Tip '上床 shàng chuáng'하면 '침대에 오르다'의 뜻도 있지만, 이는 '성관계를 갖다'의 의미로 통하기 때문에 주의해서 사용하자.

⑭ 还 / 还是
hái / háishi

아직도, 여전히, 또, 더, 더욱 / 또는, 아니면

① 아직도, 여전히
- 예 他还在美国。Tā hái zài Měiguó.
  그는 아직도 미국에 있다.

② 또, 더 (수량의 증가 또는 범위가 확대됨을 나타냄)
- 예 还有吗? Hái yǒu ma?
  또 있어요? (더 있어요?)

③ 더, 더욱 ('比'와 함께 쓰여 정도를 나타냄)
- 예 这儿比那儿还远。Zhèr bǐ nàr hái yuǎn.
  여기가 저기보다 더 멀다.

④ 또는, 아니면
- A还是B : A 아니면 B
  - 예 不知道是女孩儿还是男孩儿。
    Bù zhīdào shì nǚháir háishì nánháir.
    여자아이인지 아니면 남자아이인지 모르겠다.
- A还是B？: A 아니면 B?
  - 예 你去还是我去? Nǐ qù háishì wǒ qù?
    네가 갈래? 아니면 내가 갈까?

⑮ 时候
shíhou

때, 시각, 무렵

'什么时候 shénme shíhou'를 보면, '什么'는 '무슨', '时候'는 '때'란 의미로, '어떤 때' 다시 말해서 '언제'란 뜻이다. '有的时候 yǒude shíhou'는 '有的 있는 것', '时候 때'로 즉, '있는 때' 다시 말해서 '어쩔 때는~'이라고 해석된다. '有的时候 yǒude shíhou', '有时候 yǒushíhou', '有时 yǒushí' 모두 같은 뜻이다. 그런데 '有时'는 두 글자라서 회화체에서는 상대방이 못 알아 들을 수 있기에 문어체에 주로 사용되며, 회화체에서는 '有时候'를 많이 사용한다.

- 예 吃晚饭的时候 Chī wǎnfàn de shíhou 저녁 먹을 때
  看电影的时候 Kàn diànyǐng de shíhou 영화 볼 때
- Tip 小时候 xiǎoshíhou 어릴 때

⑯	一样 yíyàng	같다, 동일하다 부정은 '不'를 사용해서 '不一样 bù yíyàng' 즉, '다르다'의 의미가 된다.
⑰	小时 xiǎoshí	시간의 단위를 말한다. • 一个小时 yí ge xiǎoshí 1시간 • 两个小时 liǎng ge xiǎoshí 2시간 • 三个小时 sān ge xiǎoshí 3시간
⑱	中国 Zhōngguó	중국
⑲	韩国 Hánguó	한국
⑳	美国 Měiguó	미국

Lesson 9

❶ 一共 yígòng

모두, 전부, 합계

'모두, 전부, 합계' 등 여러 가지로 해석이 되는데, 이는 'total'의 개념이다.

❷ 便宜 piányi

싸다, 저렴하다

❸ 公斤 gōngjīn

킬로그램(kg)

❹ 多少 duōshao

얼마, 몇

'多 duō'는 '많다', '少 shǎo'는 '적다'의 뜻으로, '多少'는 많고 적음 즉, '얼마, 몇'이란 뜻이 된다.

<u>Tip</u> 3과에서 배운 '几 jǐ 몇'은 숫자 10 이하의 수를 물을 때 주로 사용하고 '几' 뒤의 명사와의 사이에는 양사를 반드시 쓴다.
例 你有几个妹妹? Nǐ yǒu jǐ ge mèimei?
너는 여동생이 몇 명 있니?

'多少'는 '명사, 부사, 형용사'로 쓰일 때는 'duōshǎo', '대명사'로 쓰일 때는 'duōshao'라고 하고, 어떠한 수에도 사용이 가능하며, 뒤에 양사를 써도 되고 쓰지 않아도 된다.
例 你们班有多少(个)学生?
Nǐmen bān yǒu duōshao(ge)xuésheng?
너희 반 학생이 얼마나 되니? (즉, 몇 명 있니?)

❺ 苹果 píngguǒ

사과

⑥	**找** zhǎo	찾다, 거슬러 주다 ① 찾다 : 물건 또는 사람을 찾는 경우 예) 你找什么? Nǐ zhǎo shénme? 너 뭐 찾니? 你找谁? Nǐ zhǎo shéi? 너 누구 찾니? ② 거슬러 주다 : 남은 돈을 거슬러 줄 경우 예) 找您二十块钱。Zhǎo nín èrshí kuài qián. 20원 거슬러 드릴게요.
⑦	**钱** qián	돈
⑧	**给** gěi	(~에게, ~한테) 주다 예) 这是妈妈给我的笔。Zhè shì māma gěi wǒ de bǐ. 이것은 엄마가 제게 주신 펜입니다.
⑨	**一点儿** yìdiǎnr	조금, 약간 동사나 형용사 다음에 쓴다. 동사/형용사 + 一点儿 예) 吃一点儿 chī yìdiǎnr 조금 먹어 知道一点儿 zhīdao yìdiǎnr 조금 안다 多一点儿 duō yìdiǎnr 조금 많게, 조금 많다 少一点儿 shǎo yìdiǎnr 조금 적게, 조금 적다 Tip 一点点儿 yìdiǎndiǎnr 아주 조금
⑩	**有点儿** yǒudiǎnr	조금 있다, 조금, 약간 '조금 있다'의 뜻으로, '有点儿'는 '有(동사) + 一点儿'의 줄임말이다. 有点儿 + 형용사 / 동사 예) 有点儿忙 yǒudiǎnr máng 조금 바쁘다

有点儿远 yǒudiǎnr yuǎn 조금 멀다
有点儿大 yǒudiǎnr dà 조금 크다, 좀 크다
有点儿小 yǒudiǎnr xiǎo 조금 작다, 좀 작다

Tip '忙一点儿 máng yìdiǎnr'와 '有点儿忙'의 해석은 모두 '조금 바쁘다'라고 할 수 있다. 단 '一点儿'보다 '有点儿'이 좀 더 만족 스럽지 못하거나 부정적인 면을 내포하고 있다.

---

⑪ **元** yuán

원(화폐 단위)

---

⑫ **角** jiǎo

화폐단위

'화폐단위'로도 사용되며, '뿔, 모서리'라는 뜻으로도 사용된다.
1元 yī yuán = 10角 shí jiǎo

---

⑬ **分** fēn

화폐단위

1角 yī jiǎo =10分 shí fēn

---

⑭ **块** kuài

화폐단위

块 = 元

Tip 3원=3块(회화체)=3元(문어체). 딱 떨어지는 숫자를 말할 때는 뒤에 '钱'을 붙여 말한다.

예 3块钱 sān kuài qián 3원돈   十块钱 shí kuài qián 10원돈

---

⑮ **毛** máo

화폐단위

毛(회화체) = 角(문어체)

Tip '元', '角'는 문어체에서, '块', '毛'는 회화체에서 사용하며, '分'은 문어와 회화 다 같이 사용한다. 단 '毛'나 '分'이 마지막 위치에 올 때에는 생략해서 말하는 경우가 많다.

예 6.58원 : 六元五角八分 liù yuán wǔ jiǎo bā fēn (문어)
            六块五毛八 liù kuài wǔ máo bā (회화)

⑯	**要** yào	원하다, 필요하다, 요구하다, ~할 것이다, ~하려고 한다, 막~하려 한다 ① '원하다, 필요하다'의 의미가 포함되어, '갖다'라고 해석된다. 　예 你要吗? Nǐ yào ma? 　　　너 가질래? 　　　你要不要? Nǐ yào bu yào? 　　　너 가질래 말래? 　　　你要什么? Nǐ yào shénme? 　　　뭐 가질래? / 뭐가 필요하세요?(고객을 상대로 말할 때) ② '요구한다'는 의미가 포함되어 '~달라'라고 해석된다. 　예 昨天妹妹要我的笔。Zuótiān mèimei yào wǒ de bǐ. 　　　어제 여동생은 내 펜을 달라고 했다. ③ ~할 것이다, ~하려고 한다 　예 他要学汉语。Tā yào xué Hànyǔ. 　　　그는 중국어를 배우려고 한다. ④ 막~하려 한다 　예 要下雨了 Yào xiàyǔ le. 　　　비가 오려고 한다. **Tip** 대부분의 책에서 '원하다'의 뜻으로 해석되어 있지만, 실제로 '원하다'의 뜻은 내포되어 있으나 '원하다'로만 해석하면 부자연스러울 때가 많다. 상황에 맞게 해석해야 한다.
⑰	**需要** xūyào	필요하다 '필요하다'의 뜻으로 영어의 'need'의 의미다. 　예 你需要吗? Nǐ xūyào ma? 　　　너 필요하니? 　　　你需(要)不需要? Nǐ xū(yào) bu xūyào? 　　　너 필요해 안 해? 　　　你需要什么? Nǐ xūyào shénme? 　　　너 뭐가 필요하니?

⑱	**零钱** língqián	잔돈 '零 líng'은 숫자의 '0(영)'이고, '钱 qián'은 '돈'이다. 숫자 '0'처럼 둥글한 돈이란 뜻으로 '잔돈'을 가리킨다.
⑲	**怎么** zěnme	왜, 어떻게 ① 왜 : 이유를 알고자 할 수도 있지만, 굳이 이유를 알지 않아도 되는 경우에도 사용된다. 　例 你怎么了? Nǐ zěnme le? 　　 너 왜 그래? 　　 怎么? 你要给我买手机吗? 　　 Zěnme? Nǐ yào gěi wǒ mǎi shǒujī ma? 　　 왜? 너 나한테 휴대전화 사주려고? ② 어떻게 　例 那儿怎么去? Nàr zěnme qù? 　　 거기 어떻게 가요? 　　 妹妹怎么知道? Mèimei zěnme zhīdao? 　　 여동생이 어떻게 알아? ③ 不 + 怎么 : 별로, 그다지 　例 不怎么好看。Bù zěnme hǎo kàn. 　　 그다지 예쁘지는 않다. 　　 不怎么好吃。Bù zěnme hǎo chī. 　　 그다지 맛있지는 않다.
⑳	**谢谢** xièxie	고맙습니다, 감사합니다

Lesson 10

1. 饮料 yǐnliào

음료

2. 果汁 guǒzhī

생과일 주스

'과즙' 즉, '생과일 주스'를 말한다.

3. 牛奶 niúnǎi

우유

'牛 niú'는 '소', '奶 nǎi'는 '젖', 그래서 '우유'란 뜻이 된다.
주의 '奶牛 nǎiniú'하면 젖 먹는 송아지 즉, '젖소'의 뜻이 된다.
Tip 奶奶 nǎinai 할머니
奶瓶 nǎipíng 우유병 (즉, 젖병)

4. 啤酒 píjiǔ

맥주

5. 干杯 gānbēi

건배

'干 gān'은 '마르다', '杯 bēi'는 '컵, 잔'이라는 뜻으로 '잔을 마르게 한다' 즉, '건배'란 뜻이다.

6. 茶 chá

차

'붉다(red)'의 '红 hóng'과 '차'의 '茶 chá'가 결합하면 '홍차'란 뜻이 되고, '푸르다(green)'의 '绿 lǜ'와 '茶 chá'가 결합하면 '녹차'란 뜻이 된다.
Tip 奶茶 nǎichá 밀크티

42 ★ Lesson 10

❼	**随意** suíyì	뜻대로 하다, 생각(마음)대로 하다 **Tip** 우리가 술 자리에서 건배를 할 때는 '干杯'라고 하지만 조금만 마시고 내려놓고 싶으면 '随意'라고 하면 된다.
❽	**咖啡** kāfēi	커피
❾	**咖啡伴侣** kāfēibànlǚ	프림 '伴侣 bànlǚ'는 '동반자, 동료'의 뜻을 갖고 있다. 그래서 '咖啡伴侣 kāfēibànlǚ'하면 '커피의 짝꿍'으로 '프림'이란 뜻이다.
❿	**可口可乐** kěkǒukělè	코카콜라 **Tip** 우리가 '콜라'를 굳이 '코카콜라'라고 하지 않듯이 중국어도 '可乐 kělè'라고 하면 된다.
⓫	**水** shuǐ	물 **Tip** 香水 xiāngshuǐ 향수 热水 rèshuǐ 뜨거운 물
⓬	**喝** hē	마시다 **예** 喝水 hē shuǐ 물 마시다
⓭	**冰** bīng	얼음 **예** 冰水 bīngshuǐ 얼음 물

⑭	**加** jiā	더하다, 증가하다, 늘다, 넣다, 첨가하다 예 二加二 èr jiā èr 2 더하기 2 加了一个人。Jiā le yí ge rén. 한 사람이 늘었다. 咖啡里加点(儿)糖吧。Kāfēi li jiā diǎn(r)táng ba. 커피에 설탕 좀 넣어라. Tip 加班 jiābān 초과근무 加法 jiāfǎ 덧셈 加上 jiāshang 게다가, 첨가하다 加油 jiāyóu 파이팅, 기름을 넣다, 주유
⑮	**糖** táng	설탕, 사탕 Tip 糖水 tángshuǐ 설탕물, 시럽 糖果 tángguǒ 사탕, 과자, 캔디 종류
⑯	**想** xiǎng	생각하다, ~하고 싶다 영어로 'think'의 개념이다.
⑰	**杯** bēi	컵, 잔 Tip 茶杯 chábēi 찻잔 酒杯 jiǔbēi 술잔
⑱	**瓶** píng	병 Tip 酒瓶 jiǔpíng 술병 奶瓶 nǎipíng 우유병, 젖병 水瓶 shuǐpíng 물병 热水瓶 rèshuǐpíng 보온병 주의 그냥 '병'이라고 말할 때는 '瓶子 píngzi'라고 해야 한다.

① 得 [de]
정도보어란 동작이나 사물의 성질이 도달한 정도나 상태를 보충설명 해주는 성분이다. 일반적으로 형용사로 이루어지며, 동사와 정도보어 사이에 구조조사 '得'를 넣어 연결한다.

+ 긍정형

주어 + 술어(동사/형용사) + 得 + 보어

예 昨天我睡得很早。Zuótiān wǒ shuì de hěn zǎo.
어제 난 아주 일찍 잤다.

+ 부정형

주어 + 술어(동사/형용사) + 得 + 不 + 보어

예 他吃得不多。Tā chī de bù duō. 그는 많이 먹지 않았습니다.

+ 의문형

주어 + 술어(동사/형용사) + 得 + 보어 + 不 + 보어? / 보어 + 吗?

예 你去得早不早? Nǐ qù de zǎo bu zǎo? 너 일찍 갔니?
你去得早吗? Nǐ qù de zǎo ma? 너 일찍 갔니?

+ 목적어의 위치

주어 + 술어(동사/형용사) + 목적어 + 술어(동사/형용사) + 得 + 보어

예 我踢足球踢得不好。Wǒ tī zúqiú tī de bù hǎo.
저는 축구를 잘 못합니다.

주어 + 목적어 + 술어(동사/형용사) + 得 + 보어

예 我足球踢得不好。Wǒ zúqiú tī de bù hǎo.
저는 축구를 잘 못합니다.

② 得 [dé] : (병에) 걸리다, 얻다, 획득하다

예 你得了什么病? Nǐ dé le shénme bìng?
무슨 병에 걸렸니?

二三得六 èr sān dé liù 이삼은 육

③ 得 [děi] : (시간, 금전)걸리다, 필요하다, ~해야 한다

예 这得需要两个月。Zhè děi xūyào liǎng ge yuè.
이건 두 달 걸려요.

我得和妈妈去机场。Wǒ děi hé māma qù jīchǎng.
나는 엄마랑 공항에 가야 한다.

⑲ 得

de / dé / děi

| ⑳ | **或者**
huòzhě | ~든지, 혹은, 또는, ~이(가) 아니면 ~이다 |
| | | 영어 'or'의 개념과 같다.
예 我们喝果汁或者喝可乐吧。
Wǒmen hē guǒzhī huòzhě hē kělè ba.
우리 주스 마시거나 콜라 마시자. |

Lesson 11

① 喜欢 xǐhuan

좋아하다

영어의 'like'의 개념이다.

② 随便 suíbiàn

마음대로, 좋을대로

'마음대로, 좋을대로'의 뜻이다. 단 상황에 따라 '아무(거나)', '아무(때나)'로 해석될 수 있다.

예 你随便吧。Nǐ suíbiàn ba.
너 맘대로(좋을대로) 해라. (즉, 네가 알아서 해라.)

他很随便。Tā hěn suíbiàn.
그는 맘대로(좋을대로)다. (즉, 그는 무례하다(버릇이 없다).)

我们随便吃点儿吧。Wǒmen suíbiàn chī diǎnr ba.
우리 맘대로(좋을대로) 먹자. (즉, 대충(아무거나) 먹자.)

你随便什么时候来吧。
Nǐ suíbiàn shénme shíhou lái ba.
너 맘대로(좋을대로) 언제든 와라. (즉, 아무 때나 와라.)

③ 味道 wèidao

맛

④ 味(儿) wèi(r)

맛, 냄새

'味道 wèidao'와 같이 '맛'이란 뜻도 있으나, 주로 '냄새'란 뜻으로 많이 사용한다.

⑤ 清淡 qīngdàn

담백하다

'淡 dàn'은 '(맛이)싱겁다, 엷다'라는 뜻을 갖고 있다.

예 太淡了。Tài dàn le.
너무 싱겁다.

❻	**酸** suān	(맛이) 시다, 시큼하다
		'쉬었다, 상했다'의 의미도 갖고 있다.
❼	**甜** tián	(맛이) 달다
❽	**苦** kǔ	(맛이) 쓰다
❾	**辣** là	(맛이) 맵다
❿	**咸** xián	(맛이) 짜다
⓫	**涩** sè	(맛이) 떫다
⓬	**听说** tīngshuō	듣자하니
		예 听说他去中国了。Tīngshuō tā qù Zhōngguó le. 듣자하니 그는 중국에 갔다고 한다.

⑬	**可以**
	kěyǐ
		~할 수 있다, 해도 좋다
		
		① ~할 수 있다, 가능하다
		  예 都可以吃。Dōu kěyǐ chī.
		    모두 먹을 수 있다. (즉, 다 먹어도 된다.)
		
		② ~해도 좋다, ~해도 된다.
		  예 妈妈说：可以去韩国。Māma shuō: kěyǐ qù Hánguó.
		    엄마는 한국에 가도 된다고 하셨다.
		  Tip '안 돼'라고 명령을 할 경우 '不可以'라고 하면 된다.
		
		③ 还 + 可以 : 괜찮다, 나쁘지 않다
		  예 这苹果还可以。Zhè píngguǒ hái kěyǐ.
		    이 사과는 나쁘지 않다. (즉, 그런대로 괜찮다.)

⑭	**汤** tāng	국물, 탕
⑮	**方便面** fāngbiànmiàn	라면 '方便 fāngbiàn'은 '편리하다'의 뜻이고, '面 miàn'은 우리가 먹는 '국수'란 뜻이 있다. 그래서 '方便面'이 되면, '편한 국수' 즉, '라면'이란 뜻이 된다.
⑯	**蔬菜 / 菜** shūcài / cài	채소, 야채 / 반찬, 요리
⑰	**点** diǎn	주문하다

⑱	尝 cháng	맛보다 Tip '尝一尝 cháng yi cháng', '尝尝看 chángchang kàn' 해서 '맛 좀 보세요'라고 많이 사용한다.
⑲	香 xiāng	향기롭다 Tip 香水 xiāngshuǐ 향수

⑳	怎么样
	zěnmeyàng
		어때?
		
		① 어때?
		    Tip '怎么样'의 '么'를 빼고 '怎样 zěnyàng'이라고 해도 같은 뜻이다.
		② '不 + 怎么样'의 형태로 '별로, 그다지, 그저 그렇다'의 뜻을 갖는다.
		    Tip '不怎么 bù zěnme'와 '不怎么样 bù zěnmeyàng'은 같은 뜻을 갖지만 문장 구조는 좀 다르다.
		    • 不怎么样 → 문장(구) + 不怎么样
		      예 这支笔不怎么样。Zhè zhī bǐ bù zěnmeyàng.
		        이 펜은 별로다.
		    • 不怎么 → 不怎么 + 문장(구)
		      예 不怎么大。Bù zěnme dà.
		        별로 크지 않다.

Lesson 12

❶ 天气 tiānqì

날씨

'天 tiān'은 '하늘', '气 qì'는 '공기'를 뜻한다. 그래서 하늘의 공기 즉, '날씨'란 뜻이 된다.

❷ 春天 chūntiān

봄

'봄날'이란 뜻이 포함되어 있다.

Tip '春 chūn'이라고만 해도 '봄'이란 뜻을 전할 수 있으나, 이는 주로 '문어체'에서 사용하고 '회화체'에서는 '春天'이라고 해야 한다. '춘하추동'이라고 말할 때는 '春夏秋冬 chūn xià qiū dōng'이라고 말할 수 있다.

❸ 夏天 xiàtiān

여름

❹ 秋天 qiūtiān

가을

❺ 冬天 dōngtiān

겨울

❻ 暖和 nuǎnhuo

따뜻하다

❼ 凉快 liángkuai

시원하다, 선선하다

Tip '凉 liáng'은 '차갑다, 서늘하다'의 뜻을 갖고 있고, '快 kuài'는 '빠르다'는 뜻이다.

예 天气凉了。Tiānqì liáng le. 날씨가 서늘해졌다.

⑧	**雨季** yǔjì	장마철, 우기 '雨 yǔ 비'와 '季节 jìjié 계절'이 만나 '비 오는 계절' 즉, '장마철, 우기'란 뜻이 된다. Tip 四季 sìjì 사계절
⑨	**雨伞** yǔsǎn	우산
⑩	**害怕** hàipà	무서워하다, 두려워하다 Tip '怕 pà' 한 글자로도 많이 사용한다. 예 你怕什么? Nǐ pà shénme? 뭐가 무섭니? (뭐가 무섭다고 그래?)
⑪	**雨** yǔ	비
⑫	**雪** xuě	눈
⑬	**下** xià	(눈, 비 따위가) 내리다 예 下雨。Xiàyǔ. 비가 내리다. 비 온다. 下雪。Xiàxuě. 눈이 내리다. 눈 온다.
⑭	**刮风** guāfēng	바람이 불다 Tip '刮'는 '(바람이)불다'의 뜻도 있지만, '(수염)깎다', '(날카로운 것으로)긁다'의 의미도 있다. '风'은 '바람'이란 뜻이다.

52 ★ Lesson 12

⑮	**热** rè	덥다, 뜨겁다, 데우다 예 今天很热。Jīntiān hěn rè. 오늘 아주 덥다. 这汤很热。Zhè tāng hěn rè. 이 국은 아주 뜨겁다. 热一热饭吧。Rè yi rè fàn ba. 밥을 좀 데워라.
⑯	**度** dù	도 온도, 각도를 나타낸다. 날씨의 온도와 관련하여, '영상'은 '零上 língshàng'이라고 하고, '영하'는 '零下 língxià'라고 한다. 예 零上五度 língshàng wǔ dù 영상 5도 零下五度 língxià wǔ dù 영하 5도
⑰	**滑** huá	매끈매끈하다, 미끄럽다 예 她的手很滑。Tā de shǒu hěn huá. 그녀의 손은 아주 매끈하다. Tip 滑雪 huáxuě 스키를 타다
⑱	**冷** lěng	춥다 Tip 冷天 lěng tiān 추운 날 天气很冷。Tiānqì hěn lěng. 날씨가 춥다.
⑲	**带** dài	지니다, 휴대하다 Tip '인솔하다, 데리고 가다'란 뜻도 있다. 예 妈妈带我去学校。Māma dài wǒ qù xuéxiào. 엄마는 날 데리고 학교에 간다.
⑳	**因为…所以** yīnwèi…suǒyǐ	왜냐하면…그래서, ~때문에…그래서

Lesson 13

① 医院 yīyuàn

병원

Tip '病院 bìngyuàn'도 '병원'이란 뜻이지만, 주로 '医院'을 많이 사용한다.

② 住院 zhùyuàn

입원하다

'住 zhù'는 '살다'라는 의미이므로, '住院'이 되면 '병원에 산다'라는 의미 즉, '입원'을 뜻한다.

Tip '入院 rùyuàn'도 '입원'이란 뜻이다. 그러나 '住院'이 발음상 더 편하고, 뚜렷이 들리므로 더 많이 사용한다. 또한 '入院'은 문어체에서 많이 사용하고, '住院'은 회화체에 많이 사용된다.

예 你住哪儿? Nǐ zhù nǎr?
너 어디 사니?

③ 出院 chūyuàn

퇴원하다

'出 chū'는 '나가다'라는 의미이므로, '出院'이 되면 '병원에서 나가다' 즉, '퇴원'이란 뜻이 된다.

④ 病房 bìngfáng

병실

'病 bìng'은 '병', '房 fáng'은 '방'으로, '病房'이 되면, '병이 있는 방' 즉, '병실'이란 뜻이다.

⑤ 病人 bìngrén

환자

'病'은 '병', '人'은 '사람'으로 '病人'이 되면, '병이 있는 사람' 즉, '환자'란 뜻이다.

⑥ 感冒 gǎnmào

감기(에 걸리다)

예 她感冒了。Tā gǎnmào le. 그녀는 감기에 걸렸다.

❼	**咳嗽** késou	기침(하다)
❽	**发烧** fāshāo	열이 나다
❾	**打针** dǎzhēn	주사를 놓다 '打 dǎ'는 '때리다', '针 zhēn'은 '바늘'이란 뜻이다. 그래서 '打针'하면 '주사를 놓다'란 뜻이 된다.
❿	**胃口** wèikǒu	식욕 Tip '胃 wèi'는 '위'란 뜻이고, '口 kǒu'는 '입'이란 뜻이다. 주의 입을 '口'라고도 하지만, 일상생활에서 주로 '(말하는)입'은 '嘴 zuǐ'라고 한다.
⓫	**朋友** péngyou	친구 Tip 女朋友 nǚpéngyou 여자친구 男朋友 nánpéngyou 남자친구 둘 다 '애인', '연인'이란 뜻으로 통하며, '친구'인데 단지 성별을 얘기하고자 할 때는 '女的朋友 nǚde péngyou 여자친구', '男的朋友 nánde péngyou 남자친구'라고 하면 된다.
⓬	**身体** shēntǐ	몸, 신체

⑬	舒服 shūfu	편안하다, 안락하다, 쾌적하다 주의 몸에 사용할 때는 '편찮다'란 뜻으로 '不舒服 bùshūfu'라고 말한다. 반면 '몸이 좋다'라고 할 때는 '身体舒服'라고 하지 않고, '身体很好。Shēntǐ hěn hǎo.'라고 해야 한다.
⑭	休息 xiūxi	쉬다, 휴식하다 중첩해서 '休息休息 xiūxi xiūxi'로도 사용한다. 예 你休息休息吧。Nǐ xiūxi xiūxi ba. 너 좀 쉬어라. Tip 중첩하면, '좀~'라고 해석한다.
⑮	累 lèi	피곤하다, 지치다
⑯	头 tóu	머리
⑰	疼 téng	아프다 예 头疼。Tóuténg. 머리가 아프다.
⑱	生 shēng	(병이) 발생하다, 생겼다, 태어나다

⑲	病 bìng	병
⑳	药 yào	약

Lesson 14

❶ 附近 fùjìn

근처, 부근

---

❷ 一直 yìzhí

곧바로, 쭉~, 계속

① 곧바로, 쭉~
- 예) 一直往前走。Yìzhí wǎng qián zǒu.
  곧장 앞으로 가다.

② 계속
- 예) 一直没有下雨。Yìzhí méiyǒu xiàyǔ.
  계속 비가 오지 않았다.

---

❸ 马路 mǎlù

큰길, 대로

'大马路 dàmǎlù'도 같은 뜻이다. (大马路 〉马路)

Tip '马 mǎ'는 '말'이란 뜻이고, '路 lù'는 '길' 그리고 '노선'이란 뜻을 지닌다.

---

❹ 开车 kāichē

운전하다

Tip '开 kāi'는 '열다' 즉, 영어의 'open'의 개념이고, '车 chē'는 '자동차'이다.

---

❺ 路 lù

길, 도로, 노정, 수단, 노선

- 예) 祝您一路平安。Zhù nín yílù píng'ān.
  가시는 길 무사하기를 빕니다.

  路很远。Lù hěn yuǎn.
  길이 너무 멀다.

  8路公共汽车 Bā lù gōnggòngqìchē
  8번 노선 버스

Tip 水路 shuǐlù 수로　　道路 dàolù 도로
　　路费 lùfèi 여비　　路过 lùguò 경유하다
　　路口 lùkǒu 길목　　路线 lùxiàn 노선
　　生路 shēnglù = 活路 huólù 살 길, 살아나갈 방도

	往 wǎng	~쪽으로, ~을 향해 Tip '往往 wǎngwǎng'하면 '종종, 때때로, 이따금'의 뜻이 된다.
❼	拐 guǎi	꺾어지다, 꺾어 돌다, 방향을 바꾸다
❽	走 zǒu	걷다, 걸어가다, 떠나다 ① 걷다, 걸어가다 예 走路 zǒulù 길을 걷다 走路去 zǒulù qù 걸어서 가다 ② 떠나다 예 你明天走吧。Nǐ míngtiān zǒu ba. 너 내일 가라. 你什么时候走? Nǐ shénme shíhou zǒu? 너 언제 가니? Tip '我们走吧。Wǒmen zǒu ba.'와 '我们去吧。Wǒmen qù ba.' 둘 다 '우리 가자.'란 뜻이다. 단, 차이는 '走'는 그냥 그 자리를 떠나는 것이고, '去'는 가는 곳 즉, 목적이 있어 떠나는 것이다. 혼돈하지 않게 기억해 두자.
❾	坐 zuò	앉다, 타다 ① 앉다 예 请坐。Qǐng zuò. 앉으세요. ② 타다 예 坐车。Zuò chē. 차를 타다.

파선생의 차이나는 중국어 첫걸음 – 사람in ★ 59

⑩	**过** guò	건너다, 지나다

① 건너다
예) 过马路。Guò mǎlù. 대로를 건너다.

② 지나다, 경과하다
예) 过了一天。Guò le yìtiān. 하루가 지났다.

③ 동사 + 过[guo] : 과거의 경험을 나타내어 '~한 적이 있다'로 해석된다.
예) 开过车。Kāi guo chē. 운전해본 적이 있다.
我见过他。Wǒ jiàn guo tā. 난 그를 만난 적이 있다. |
| ⑪ | **离** lí | ~로부터, ~까지, ~에서

'A 离 B'의 형식으로 사용된다.
예) 我家离老师家很远。Wǒ jiā lí lǎoshī jiā hěn yuǎn.
제 집에서 선생님집까지 멉니다.
(즉, 우리집은 선생님집에서 멉니다.) |
| ⑫ | **就** jiù | 곧, 즉시, 바로, 당장, ~면, ~인 이상, ~한 바에는

예) 我现在就去。Wǒ xiànzài jiù qù. 내가 지금 바로 갈게.

'就是jiùshì'는 '바로~이다'라는 의미가 된다.
예) 这个人就是我哥哥。Zhè ge rén jiùshì wǒ gēge.
이 사람이 바로 저의 형입니다.

Tip 一 … 就 … yī…jiù… : ~하기만 하면, ~하자마자

一学就会。Yì xué jiù huì.
배우기만 하면 할 줄 안다.

一听就知道是谁。
Yì tīng jiù zhīdao shì shéi.
듣기만하면 누구인지 알 수 있다.

我一叫他, 他就来了。
Wǒ yī jiào tā, tā jiù lái le.
내가 그를 부르자마자 그는 왔다. |

⑬	**好像** hǎoxiàng	마치 ~와 같다 예) 他好像不知道我来。Tā hǎoxiàng bù zhīdào wǒ lái. 그는 내가 오는 것을 모르는 것 같다.
⑭	**飞机场** fēijīchǎng	공항 '飞 fēi'는 '날다'의 뜻이고, '机 jī'는 기계의 '기'자로 '기계'를 나타낸다. 나는 기계 즉, '비행기'를 뜻하며, '场 chǎng'은 '장소'를 말한다. 그래서 '飞机场'은 '공항'이란 뜻이 된다. '飞机场'해도 되지만, 흔히 '机场 jīchǎng'이라고 말한다.
⑮	**站** zhàn	~역 , 정거장, 서다 예) 火车站 huǒchē zhàn 기차역 她站在十字路口。Tā zhàn zài shízìlùkǒu. 그녀는 사거리에 서 있다. Tip 火 huǒ 불, 车 chē 차 → 火车 huǒchē 기차 (옛날엔 불로 기차를 움직여서 '화차'라고 부른다.)
⑯	**书店** shūdiàn	서점
⑰	**到** dào	도착하다, ~에 이르다
⑱	**十字路口** shízìlùkǒu	사거리 '十字 십자'로 된 길, 즉 '사거리'란 뜻이다.

⑲	**从…到** cóng…dào	~부터 ~까지 '从 A 到 B'의 형식으로 사용된다. 예 从这儿到那儿远吗? Cóng zhèr dào nàr yuǎn ma? 여기서부터 거기까지 멉니까? 从哪儿来? Cóng nǎr lái? 어디서 옵니까? Tip 到 dào : 도착하다, ~에 이르다, ~까지 예 他们到了。Tāmen dào le. 그들은 도착했다. 我听到了。Wǒ tīng dào le. 저 들었어요. 到星期五。Dào xīngqīwǔ. 금요일까지.
⑳	**还是…吧** háishi…ba	~하는 편이 더 좋겠다, 그냥 ~하는 게 낫겠다 예 明天很忙 , 还是今天去吧。 Míngtiān hěn máng, háishi jīntiān qù ba. 내일 바쁘니까, 그냥 오늘 가는 것이 좋겠다. Tip 还是 háishi : 또는, 아니면, 여전히, 아직도 ① 또는, 아니면 (선택 의문문) 형식 : A 아니면 B ? 예 你去 , 还是我去? Nǐ qù, háishi wǒ qù? 네가 갈래? 아니면 내가 갈까? ② 여전히, 아직도 예 今天是星期天 , 他还是很忙。 Jīntiān shì xīngqītiān, tā háishi hěn máng. 오늘은 일요일인데, 그는 여전히 바쁘다.

Lesson 15

❶	**每天** měitiān	매일 Tip '天天 tiāntiān'도 '매일'로 해석되지만, '매일'이란 의미보다는 '날마다, 허구한 날'로 약간 부정적 의미로 사용하는 경우도 있다. • 他每天睡觉。Tā měitiān shuìjiào. • 他天天睡觉。Tā tiāntiān shuìjiào. 위의 두 문장은 '그는 매일 잠을 잔다.'로 뜻은 같지만, '每天'을 사용한 문장은 어디가 아픈지 또는 무슨 문제가 있는건지를 생각하게 하는 반면, '天天'을 사용한 문장은 하는 일 없이 잠만 잔다는 의미를 내포할 수 있기 때문에 사용에 주의해야 한다. Tip 一天 yìtiān 하루 有一天 yǒu yìtiān 어느 날 前几天 qián jǐ tiān 며칠 전
❷	**运动** yùndòng	운동
❸	**一起** yìqǐ	함께, 같이
❹	**非常** fēicháng	굉장히, 대단히
❺	**周末** zhōumò	주말

❻	**打**
	dǎ
		(운동)하다, 때리다
		
		① (운동)하다 : 영어의 'play'의 개념이다.
		  예 打高尔夫球。Dǎ gāo'ěrfūqiú. 골프를 치다.
		
		② 때리다
		  예 他打人。Tā dǎ rén. 그는 사람을 때린다.
		
		Tip 打电话 dǎ diànhuà 전화걸다
		打鱼 dǎ yú 물고기를 잡다
		打仗 dǎ zhàng 싸우다, 전투하다
		打架 dǎ jià 다투다, 싸우다
		打伞 dǎ sǎn 우산을 쓰다
		打毛衣 dǎ máoyī 털옷을 짜다
		打工 dǎ gōng = 做工 zuò gōng 아르바이트하다, 일하다
		打包 dǎ bāo 포장하다, 짐을 싸다
		
		'打开 dǎ kāi'의 '开'는 14과 4번에서 언급했듯이 'open'이란 뜻이고, 단독으로는 사용하지 않으므로 동사인 '打'를 앞에 넣어 '열다, 풀다, 펼치다'의 뜻으로 사용한다.
		• 打的 dǎ dí = 打的士 dǎ díshì 택시를 잡다
		   (的士 : 외래어로 '택시'란 뜻)

❼	**踢** tī	(발로)차다, 발길질하다 예 我弟弟喜欢踢足球。Wǒ dìdi xǐhuan tī zúqiú. 제 남동생은 축구를 좋아합니다. 他一直踢我。Tā yìzhí tī wǒ. 그는 계속 내게 발길질한다.

❽	**会**
	huì
		(배워서) ~할 줄 알다, ~할 수 있다, (미래)~할 것이다
		
		① (배워서) ~할 줄 알다, ~할 수 있다
		  예 我会游泳。Wǒ huì yóuyǒng.
		   나는 수영을 할 줄 안다.
		② (미래) ~할 것이다
		  예 明天他会来。Míngtiān tā huì lái.
		   내일 그는 올 것이다.

⑨	**可是** kěshì	그러나, 하지만, 그런데, 아무래도, 대단히, 정말, ~(이)지요?, 맞지요? 예 他喜欢喝咖啡, 可是我不喜欢。 Tā xǐhuan hē kāfēi, kěshì wǒ bù xǐhuan. 그는 커피를 좋아하지만 난 싫어한다. 这可是太好看了。Zhè kěshì tài hǎokàn le. 이건 정말 너무 예쁘다. 你们可是韩国人? Nǐmen kěshì Hánguórén? 당신들은 한국사람이 맞지요?
⑩	**能** néng	~할 수 있다, 할 줄 안다 (가능여부) 영어 'can'의 개념이다. Tip 可能 kěnéng 아마, 아마도 예 他可能不知道我来。Tā kěnéng bù zhīdào wǒ lái. 내가 오는 것을 아마 그는 모를 것이다.
⑪	**外面(儿)** wàimiàn(r) wàimian	바깥, 겉모습
⑫	**骑** qí	타다 동물이나 자전거, 오토바이 등 다리를 벌리고 앉아 타는 경우에 사용된다. 예 骑马。Qí mǎ. 말을 타다.
⑬	**流汗** liúhàn	땀을 흘리다 '流 liú'는 '흐르다', '汗 hàn'은 '땀'이란 뜻이다. 그래서 '流汗 liúhàn'하면 '땀이 흐르다'로 해석된다. Tip 流星 liúxīng 유성 流行 liúxíng 유행 (성조에 주의하자)

⑭	**楼 / 层** lóu / céng	건물, 층, ~동 / 층, 겹 **Tip** 大楼 dàlóu 빌딩 五层楼 wǔ céng lóu 5층 건물 楼上 lóushàng 위층 楼下 lóuxià 아래층
⑮	**做** zuò	하다, 만들다, ~노릇을 하다 **예** 今天没做饭。Jīntiān méi zuòfàn. 오늘 밥 안 했어요. 这是你做的吗? Zhè shì nǐ zuò de ma? 이것은 당신이 만든 겁니까? 弟弟在家做作业。Dìdi zài jiā zuò zuòyè. 남동생은 집에서 숙제를 한다. **Tip** 做妈妈的 zuò māma de 엄마가 되어서 做脸 zuò liǎn = 作脸 zuò liǎn 체면을 세우다 做爱 zuò ài = 作爱 zuò ài 'make love'의 의역어 做菜 zuò cài 요리나 반찬을 만들다 做梦 zuò mèng 꿈을 꾸다 **예** 你别做梦。Nǐ bié zuò mèng. 너 꿈도 꾸지마라. (즉, '꿈 깨라'란 뜻도 있다.)
⑯	**干** gàn	(일을) 하다, 담당하다, 종사하다 **예** 你在干什么? Nǐ zài gàn shénme? 너 뭐하고 있니? 你来这儿干什么? Nǐ lái zhèr gàn shénme? 너 여기 왜 왔니?

⑰	**作业** zuòyè	숙제, 과제 예 妹妹在做作业。Mèimei zài zuò zuòyè. 여동생은 숙제를 하고 있다. Tip 作家 zuòjiā 작가 作曲 zuòqǔ 작곡하다 作文 zuòwén 작문하다 作用 zuòyòng 작용하다
⑱	**几乎** jīhū	거의, 하마터면 예 她几乎每天在家。Tā jīhū měitiān zài jiā. 그녀는 거의 매일 집에 있다. 不是你，我几乎忘了。Búshì nǐ, wǒ jīhū wàng le. 네가 아니었으면 난 (하마터면) 잊어버릴 뻔 했다.
⑲	**健身房** jiànshēnfáng	헬스클럽, 체육관
⑳	**跑步** pǎobù	구보, 달리기 '跑'는 '뛰다, 달리다, 도망가다, (어떤 일을 위해) 뛰어다니다, 새다' 등의 의미를 갖고, '步'는 우리가 흔히 도보할 때 그 '보'자로 '걷다'의 의미를 갖는다. 예 他跑来了。Tā pǎo lái le. 그는 뛰어 왔다. 那个人跑了。Nà ge rén pǎo le. 저 사람은 도망갔다. 你跑哪儿去了? Nǐ pǎo nǎr qù le? 너 어디를 돌아다닌거야?, 너 어디 갔던거니? Tip 跑电 pǎo diàn 누전 跑油 pǎo yóu 기름이 새다

Lesson 16

① 换 huàn

바꾸다, 교환하다, (옷을)갈아입다

예 换公司。Huàn gōngsī. 회사를 바꾸다.
换银行。Huàn yínháng. 은행을 바꾸다.
换手机。Huàn shǒujī. 휴대전화를 바꾸다.

Tip '바꾸다, 교환하다'라는 의미도 있고, 옷을 다른 것으로 바꿔 입을 때 '갈아 입는다'는 표현을 하듯이 '갈아 입다'라고 해석하기도 한다. 상황에 맞게 해석하자.

② 取 qǔ

(맡긴 것을)찾다, 골라 뽑다

잃어버린 '찾다'가 아니고, 맡겨놓은 것을 '찾다'의 의미이다.
예 取钱。Qǔ qián 돈을 뽑다. (즉, 돈을 찾다.)
取名字。Qǔ míngzi. 이름을 선발하다.(즉, 이름을 짓다.)

③ 数 shǔ

세다

Tip 数不过来。Shǔ bu guò lái. (많아서) 다 셀 수 없다.

주의 '数'가 3성이면 '세다'를 의미하고, '数'가 4성이면 '수'를 말한다. 그래서 '数数儿 shǔshùr'하면 '수를 세다'가 된다.

④ 别 bié

~하지 마라

'别'는 '不要 bú yào'와 같은 의미이다.
예 别去。Bié qù. 가지 마.
别吃。Bié chī. 먹지 마.
别买。Bié mǎi. 사지 마.
别看。Bié kàn. 보지 마.

Tip '别的 bié de'는 '다른, 다른 것'이란 뜻이다.

주의 '别的车 bié de chē 다른 차', '别的医生 bié de yīshēng 다른 의사', '别的地方 bié de dìfang 다른 곳', '别的手机 bié de shǒujī 다른 휴대전화' 이렇게 '的'를 생략하지 않고 넣어 줘야 한다. 단 '다른 사람'이라고 말할 때는 '别的人 bié de rén'과 같이 넣어도 되고, '别人 bié rén'과 같이 생략도 가능하다.

❺	忘 wàng	잊다, 잊어버리다 **Tip** 忘了 wàng le 잊었다 不忘 bú wàng 안 잊어 没忘 méi wàng 잊지 않았다 **주의** '不'는 완전부정이다. '没'는 '아직~하지 않았다'라고 기억해 두면 도움이 된다. 또한 '没'는 뒤에 '了'가 올 수 없다.
❻	丢 diū	잃어버리다, 던지다 ① 잃어버리다 **예** 手机丢了。Shǒujī diū le. 휴대전화를 잃어버렸다. 钱丢了。Qián diū le. 돈을 잃어버렸다. ② 던지다 **예** 丢给我。Diū gěi wǒ. 내게 던져 줘.
❼	花 huā	소비하다, 쓰다, 꽃 **예** 花钱。Huā qián. 돈을 쓰다. 雪花(儿) xuěhuā(r) 눈꽃 火花(儿) huǒhuā(r) 불꽃 **Tip** 花不来 huā bu lái 헛수고하다 花茶 huāchá 꽃차 花店 huādiàn 꽃집 花甲 huājiǎ 회갑(60세) 花样 huāyàng 무늬, 모양새
❽	完 wán	끝나다 영어의 'finish'의 개념이다. **예** 吃完了。Chī wán le. 다 먹었다. 看完了。Kàn wán le. 다 봤다.

❾	**光** guāng	조금도 남지 않다, 다 써버리다 예 吃光了。Chī guāng le. 다 먹어버렸다. 花光了。Huā guāng le. 다 써버렸다. Tip '빛'이란 뜻도 있으며, '光头 guāngtóu'하면 '대머리'란 뜻이 된다.
❿	**护照** hùzhào	여권
⓫	**钱包** qiánbāo	지갑 '钱 qián'은 '돈', '包 bāo'는 '가방', 그래서 '지갑'이란 뜻이 된다. Tip 书包 shūbāo 책가방 红包 hóngbāo 축하할 때 돈을 넣어서 주는 봉투 (특히 결혼식, 설날에 주로 사용한다.)
⓬	**现金** xiànjīn	현금
⓭	**支票** zhīpiào	수표
⓮	**硬币** yìngbì	동전 '硬 yìng'은 '단단하다'란 뜻이 있다. 단단한 돈 즉, '동전'을 뜻한다. Tip 회화에서 주로 사용하는 '잔돈'은 '零钱 língqián'이다.

⑮	**账号** zhànghào	계좌번호
⑯	**美元** **美金** měiyuán měijīn	달러 美元 měiyuán = 美金 měijīn
⑰	**人民币** rénmínbì	인민폐(중국화폐)
⑱	**信用卡** xìnyòngkǎ	신용카드 '信用'은 '신용'이란 뜻이다. ⑩ 那个人没有信用。Nà ge rén méiyǒu xìnyòng. 저 사람은 신용이 없다.
⑲	**身份证** shēnfenzhèng	신분증 '身份 shēnfen = 身分 shēnfen' 모두 '신분'이란 뜻이다.
⑳	**存款折子** cúnkuǎnzhézi	예금통장 Tip '存款 cúnkuǎn'은 '저금, 예금'이란 뜻이고, '折子 zhézi'는 '통장'이란 뜻이다. 회화체에서는 '存折 cúnzhé'라고만 하면 된다.